JN312442

# モンゴル
# 遊牧社会と
# 馬文化

長沢 孝司
尾崎 孝宏 編著

日本経済評論社

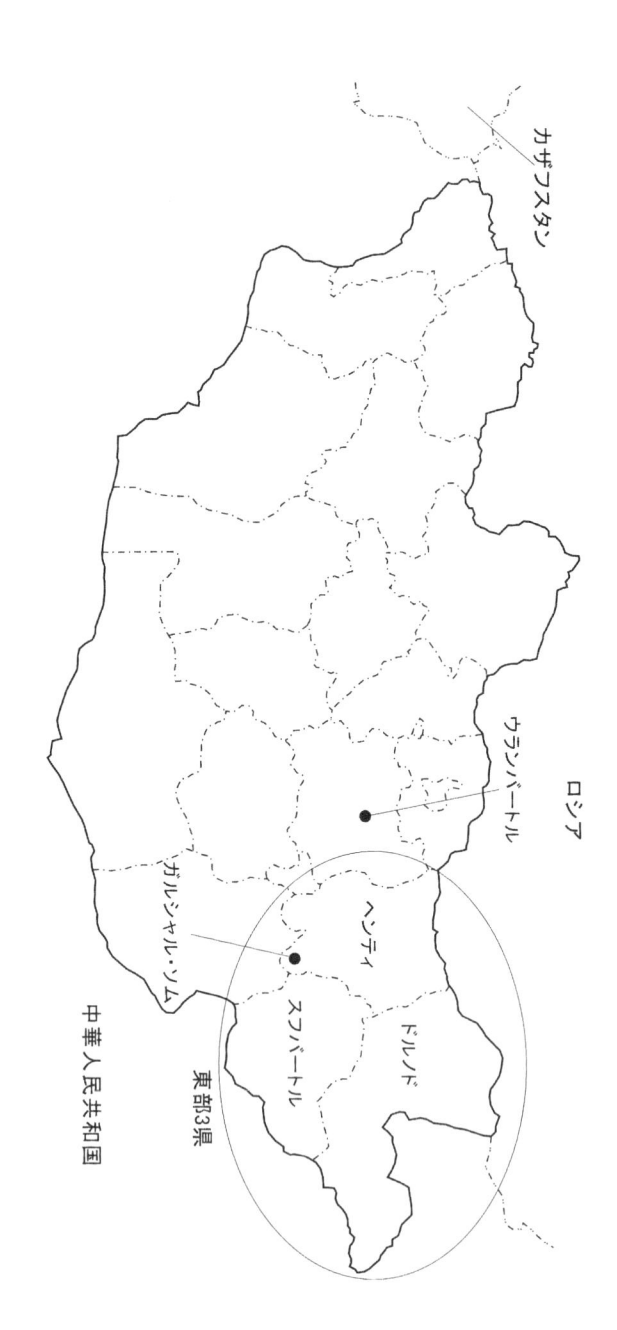

モンゴル国の東部3県およびガルシャル・ソムの位置

カザフスタン
ロシア
ウランバートル
ヘンティ
ガルシャル・ソム
スフバートル
ドルノド
東部3県
中華人民共和国

## はしがき

　大草原の国モンゴルは、かつて私たち日本人にとってはきわめて縁遠い国であった。およそのイメージさえ浮かべにくい国であったといっていいだろう。しかし、1991年にモンゴルが社会主義から市場経済に移行して以降、こうした事情は大きく変化し、年をおってお互いの距離は確実に近くなりつつある。そして今、モンゴルといえば、私たちがまずイメージするのは、あの広大な草原とそこを疾走する馬であろう。確かにモンゴル草原には馬の姿が何よりも似合っているし、観光客の騎馬トレッキングも盛んである。

　しかしモンゴル人、とりわけ遊牧民にとって、馬は単なる日常的な「乗り物」にはとどまらない。馬は遊牧民にとって彼らの人生の心の支えであり、また最も崇高な存在でもある。馬はモンゴル人の文化そのものといってよい。事実、馬は代表的民族楽器である馬頭琴にあしらわれ、その他、歌、文芸、絵画などの主題としてひんぱんに登場する。「騎馬民族」と呼ばれるゆえんである。

　では、なぜモンゴルの草原に馬はかくも深く根ざした存在なのだろうか。実は、そこには科学的な根拠があるのである。本書は、モンゴルの自然と社会が馬という存在となぜ深い関わりをもっているのか、そのメカニズムを科学的に解き明かすことを目的としている。

　このメカニズムを解明するためには、当然ながら１つの学問分野からでは不可能である。それは人文科学と自然科学にまたがる綜合的なアプローチが必要となる。こうして本書は、同じ関心テーマをもって両者の諸科学からアプローチすることによって生まれたものである。それが本書の何よりもの特長となっている。

　このテーマの実証的な解明に向けて、私たちが選んだ対象地域は、モンゴル

東部のセツェン・ハン部と呼ばれてきた地方、特にその中のヘンティ県である。この地を対象に選んだのは、ここがはるか以前から有名な馬の産地であり、多くの名馬を輩出してきたからである。

　もちろん本書でも縷々紹介しているように、一口にモンゴルといってもそれぞれの地域的特性があり、とくに南部のゴビ地方と、北方の永久凍土上の地方では、気候や植生も異なり、それに伴って主たる家畜の分布も異なる。また夏の祭典ナーダムをとっても、東部のセツェン・ハン地域では競馬が始まると他の種目（相撲、弓術）は中止して熱中するが、西部地域では競馬だけが特別視されることはない。こうした事実が示すように、多様な地域的特性を持つモンゴルをある固定的イメージで捉えてはならないだろう。しかしながら、馬という文化がモンゴルのほぼ全域に通底していることは確かであろう。したがって馬文化を主題にする時、やはりセツェン・ハン地域を主たる対象にすることが妥当と判断した次第である。

　以上の目的にそって、本書は3つのパートから編成している。
　　パート1　風の部：馬をめぐる文化、風土
　　パート2　地の部：馬を育てる経済、地面の力
　　パート3　光の部：馬にこだわる地域の政治と将来計画
　本書がモンゴルに興味を持たれている方々にとってより深い理解の一助となれば幸いである。
　2008年4月

編著者　長沢孝司
尾崎孝宏

モンゴル遊牧社会と馬文化＊目次

はしがき ……………………………………………………………… 3

序章　セツェン・ハン地域と歴史 ………………………尾崎孝宏　9

Part 1　風の部──馬を巡る文化、風土 ……………………………… 27

第1章　モンゴル東部地域の気候 …………………………森永由紀　28

第2章　ヘンティのナーダムと馬飼育 …………………中村知子　43
　　　　──ナーダムと馬飼育の社会的・文化的意味

　コラム　馬の調教師──馬文化を育む主役たち ………長沢孝司　56

第3章　世代の継承と馬文化 ………………………………長沢孝司　59


Part 2　地の部──馬を育てる経済、地面の力 ……………………… 87

第4章　モンゴル東部地域の土壌と水文環境 ……………浅野眞希　88
　　　　──遊牧を支える草原生産力の源

　コラム　東モンゴル草原の植生 ……………G. U. ナチンションホル　102
　　　　──群落を優占する植物と家畜の関係

第5章　ヘンティ県の資源と地域産業 …………………島崎美代子　105

　コラム　駿馬の表象──馬の歌 …………………………島崎美代子　116

第6章　モンゴル東部地域の協業組織と牧畜経済 ………鬼木俊次　119

Part 3　光の部——馬にこだわる地域の政治と将来計画……………………………………129

第7章　地方行財政とヘンティ県 ……………………………村井宗行　130

　コラム　ヘンティ県のコミュニティづくり ……………………島崎美代子　147

第8章　地域発展構想と実施計画 ……島崎美代子、J．ヒシゲジャルガル　150

　コラム　ヘンティ県ふるさと委員会 ………………………A．デルゲルマー　157

終　章　馬文化の将来………………………………………………尾崎孝宏　159

あとがき——「今西錦司を超えた」宣言 …………………………島崎美代子　163

執筆者・編者紹介 ……………………………………………………………169

# 序章　セツェン・ハン地域と歴史

尾崎　孝宏

## 1　地域名称と歴史的背景

　本書がフォーカスする狭域的範囲は、現在のモンゴル国の行政区画に基づいて述べるならヘンティ県（アイマク）南部、とさしあたり表現しうる地理的空間である。あるいは、モンゴル国東部を貫流しアムール河（黒竜江）となってオホーツク海に流入するヘルレン（ケルレン）河の南、と言うことも可能である。

　一方、より広域的な視角から述べるなら、この一帯から東のスフバートル県およびドルノド県にかけては、西高東低なモンゴル国の中ではもっとも標高が低く、かつ平坦な地域となっている。シベリアカラマツの生えるハンガイ（山岳ステップ）でもなく、土漠という表現がふさわしいゴビでもない、平坦な草原が広がっている。誤解を恐れずに言えば、日本人が想像する「モンゴル」のイメージにもっとも近い、とも言える。現に、日本で発行されたモンゴル国のガイドブックで、スフバートル県の草原が扉写真に使われていたこともあった。

　ところで、もう少し歴史的な視点からモンゴル国東部地域、つまり東部3県を見るとどうなるだろうか。以下の記述はやや冗長かつ煩雑だが、現在この地域で暮らす人々の郷土意識の形成に多大な影響を残している重要な情報なので、詳細に説明したい。

　現在のモンゴル国東部の平坦地域は、あえて単純化して述べるなら、清朝（1636-1912）時代にセツェン・ハン部（アイマク）と呼ばれていた行政単位に

ほぼ相当する、と考えても差し支えない。本章のタイトルとして使用している「セツェン・ハン地域」という名称もこれにちなんでいるのだが、本地域が清朝の支配下に入り、かくなる名称で呼ばれるようになる経緯は以下のようなものである。

そもそも、太宗ホンタイジが1636年に皇帝に即位して清朝が成立するわけであるが、そのきっかけとなったのはホンタイジがモンゴル大ハーンの嫡流であるチャハル部のリグデン・ハーンを滅ぼし、内モンゴル（現中国領）16部の王侯がホンタイジをモンゴル大ハーンの継承者として推戴したことである[1]。つまり、清朝はその成立当初よりモンゴルを不可欠の一部分として成立したのであり、その後も清朝皇帝はほぼ一貫してモンゴルの同盟者として立ち振る舞い続ける。

ただし、本書で言及するゴビの北、現在のモンゴル国の大部分にあたる地域に展開していたハルハ・モンゴル族が清朝に服属するのは、それから半世紀遅れて1691年のことである。ハルハ・モンゴル族の内紛に乗じて西隣のジュンガル帝国（オイラート族）が軍事介入した際、清朝の保護を求めて康熙帝に服属したのがそのきっかけである。その後、清朝の統治下でハルハ地域は、封建諸侯である王侯の独立領地であるホショー（旗）を基本的な行政単位として、地域ごとにホショーをまとめた行政単位として東からセツェン・ハン、トゥシェート・ハン、サイン・ノヨン・ハン、ザサクト・ハンの4部を構成するという社会的空間配置が200年間継続することになる。

なお筆者には、この時代の社会的空間配置が、現在モンゴル国に居住する人々が想起する「伝統社会」イメージを構成する大きな部分を占めているように思われる。というのも、本章で紹介する事例も含め、現在モンゴル国の人々が地方（郷土）レベルの歴史的過去を言及する際に持ち出されるのは、往々にしてこの時代の事象なのである。これは、国家レベルでの過去の言及がほぼ間違いなく13世紀のモンゴル帝国、つまりチンギス・ハーン時代まで遡及するのとは対照的であるといえよう。

そして20世紀に入って1911年、中国で辛亥革命が勃発し、清朝が打倒され中華民国が成立すると、モンゴル高原の北部ではこのハルハ4部を中心に、独立運動が展開されることになる。この動きは、ハルハ随一の活仏であるジェブツンダンバ・ホトクト八世を皇帝とするボグド・ハーン政権の成立として結実する。この運動の背景には、1906年に開始する清朝の「新政」、言い換えてみれば帝国全体の「中国化」を目指し始めた政策転換に対するモンゴル人指導層の危機感があった。そして、おりしも「中国人」孫文が起こした辛亥革命の中で、清朝皇帝をモンゴル大ハーンとして戴いていたモンゴル王侯は、革命により清朝皇帝が消滅した以上、自分たちは自由に行動するというロジックを前面に押し出し、ボグド・ハーン政権を樹立したといえよう。

こうした、ボグド・ハーン政権の懐古的な性格を反映して、清朝以来のセツェン・ハン部という行政単位はボグド・ハーン政権時代を通じて存続した。それどころか、その痕跡が最終的に払拭されるのは、1921年の人民革命のはるか後、急進的な社会主義化が推進された時代といわれる1931年のことである。逆に言えばこの時、初めて現行のヘンティ県という空間がモンゴルに出現することになる[2]。

だが、セツェン・ハン部という地域名称は完全に過去のものになってはいない。2005年、モンゴルでは全国の行政組織を再編するプランが政府によって検討されているが、その中でボグド・ハーン政権時代を髣髴とさせる古い地名が多様なレベルで復活しそうな兆しを見せている。あくまでも検討中の案なのでこのまま実行されるという保証はないが、これによって「セツェン・ハン州（アイマク）」という地域名称が、かつての領域とは一致しないものの、モンゴル国東部の空間領域として再び出現する可能性は少なくないと思われる。

## 2 馬の中心地域

ところで、このモンゴル国東部の平坦な地理的広がりは、モンゴル牧畜社会

という文脈から考えた場合、どのように位置づけうるだろうか。これに関して、小長谷有紀は興味深い指摘をしている。小長谷は、社会主義時代末期のソム単位での家畜頭数に基づき、二つの顕著な卓越地域を挙げている。一つはモンゴル国の中央部、オルホン河流域の一帯であり、羊・牛・馬が多い。かつてモンゴル帝国の首都カラコルムが築かれた場所でもあるこの一帯を、小長谷は「遊牧中原」あるいは「オルホン文明」と名づける。一方、モンゴル東部にも、牛や馬など大型家畜の卓越する地域が存在する。ここはまさに本書のフォーカスする地域と重なるのだが、小長谷は上記の「遊牧中原」に次ぐ豊かな地域という意味で「第二遊牧中原」あるいは「ケルレン文明」と名づけ、ここはかつて、チンギス・ハーンが即位以前に勢力を蓄えた地域である、と指摘する[3]。

確かに、現在のモンゴル牧畜社会という文脈で、この「第二遊牧中原」がモンゴルの典型と見なされることはほとんどない。モンゴル人自身も、外国の研究者も、やはり典型として頭に浮かぶのはハンガイ山脈（オルホン河上流域）方面、つまり「遊牧中原」方面である。しかし、典型から外れるものが全て等しく「その他大勢」のマイナーな世界とは言い切れない。それどころか大型家畜、とりわけ馬に関しては、この地域は「遊牧中原」よりむしろ中心性を有すると言っても過言ではない。この点については、以下で詳細に検討しよう。

まずは、モンゴル国全体の牧畜の現状という文脈から、この「第二遊牧中原」ならびにもう少しエリアを広げた、モンゴル国東部地域の特殊性を明らかにしていきたい。以下で検討するのは現在、モンゴル国統計局で入手可能なソム別の統計である。ややデータとしては古いが、1990年代の民主化以後、右肩上がりに増加していた家畜頭数を激減させた2000年前後のゾド（雪害）を経た直後、2002年の数字から検討してみよう。

表1は、2002年における人口一人あたりの馬頭数の上位10ソムを示したものである。これを見て容易に理解できることは、上位10ソムのうち8ソムまでがモンゴル国東部地域に偏在している点である。つまり、2002年の状況に限れば、東部地域の住民がより多くの馬を所有している、つまり馬飼養が盛んであると

表1　人口一人あたりの馬頭数の上位10ソム（2002年）

| 順位 | ソム名 | 県 | 頭／人 | 実頭数 |
| --- | --- | --- | --- | --- |
| 1 | アスガト | スフバートル | 7.7 | 13,977 |
| 2 | バトノロブ | ヘンティ | 6.9 | 20,296 |
| 3 | スフバートル | スフバートル | 6.1 | 19,734 |
| 4 | モゴド | ボルガン | 5.9 | 17,094 |
| 5 | サイハン | ボルガン | 5.8 | 23,171 |
| 6 | バヤンホタグ | ヘンティ | 5.6 | 12,596 |
| 7 | ジャルガルトハーン | ヘンティ | 5.4 | 11,192 |
| 8 | セルゲレン | ドルノド | 5.2 | 12,763 |
| 9 | ハルザン | スフバートル | 5.1 | 9,916 |
| 10 | ガルシャル | ヘンティ | 5.0 | 13,805 |

出所）モンゴル国統計局資料より作成。

いえよう。なお、実頭数との比較により、人口一人あたりの馬頭数は実頭数の多寡が直接的に反映されていないことも同時に看取できる。

　ただし、この状況のみをもって単純に、それ以前の状態も定常的に同様であったと理解するのは二つの意味で危険である。第一には、モンゴルの年々の降水量と同様、モンゴルの牧畜では年々「平均的な数値」を大きく逸脱しない範囲で推移しているとは考えにくい点が挙げられる。モンゴルに関する限り、基本的に牧畜は技術や天候に大きく左右されるハイリスク・ハイリターンな生業である。

　そして第二に、民主化以降1990年代のモンゴルでは、未曾有の家畜頭数増加が続き、1999年にピークとなったのが、その後の深刻なゾドにより家畜頭数の激減がもたらされた、という歴史的事件の影響を考慮せざるを得ないという事情がある。一般に東部地域は、モンゴル国の中でも当時のゾド被害が比較的軽微であったと認識されている。それが偶然の産物であると考えるか、あるいは何らかの必然性の結果であると解釈するかによって想定されるシナリオは異なったものとなるだろうが、この点に関して特に定説が存在する事実は確認できなかったので、再びソム別の統計を手がかりとしつつ考えてみたい。まずはゾ

表2 人口一人あたりの馬頭数の上位10ソムほか（1999年）

| 順位 | ソム名 | 県 | 1999年 | 2002年 | 増減率 |
|---|---|---|---|---|---|
| 1 | バヤンツァガーン | トゥブ | 8.6 | 2.8 | -67.5% |
| 2 | モゴド | ボルガン | 8.4 | 5.9 | -29.6% |
| 3 | バヤン＝ウンジュール | トゥブ | 8.1 | 4.3 | -46.9% |
| 4 | サイハン | ボルガン | 7.7 | 5.8 | -24.6% |
| 5 | バヤンジャルガラン | トゥブ | 7.7 | 4.1 | -46.6% |
| 6 | バヤンホタグ | ヘンティ | 7.4 | 5.6 | -24.1% |
| 7 | ブレン | トゥブ | 7.3 | 4.5 | -38.2% |
| 8 | デレン | ドンドゴビ | 7.1 | 4.0 | -43.6% |
| 9 | ツァガーンデルゲル | ドンドゴビ | 7.1 | 3.8 | -46.4% |
| 10 | ダルハン | ヘンティ | 7.1 | 4.7 | -33.5% |
| 12 | ガルシャル | ヘンティ | 6.9 | 5.0 | -27.5% |
| 15 | アスガト | スフバートル | 6.7 | 7.7 | 14.9% |
| 21 | バトノロブ | ヘンティ | 6.2 | 6.9 | 11.3% |
| 28 | ジャルガルトハーン | ヘンティ | 5.6 | 5.4 | -3.6% |
| 43 | ハルザン | スフバートル | 5.0 | 5.1 | 2.0% |
| 48 | スフバートル | スフバートル | 4.8 | 6.1 | 27.1% |
| 63 | セルゲレン | ドルノド | 4.4 | 5.2 | 18.2% |

出所）モンゴル国統計局資料より作成。

ド以前の状況を確認しよう。

　表2は、1999年における人口一人あたりの馬頭数の上位10ソムおよび、表1で示した2002年の上位ソムの1999年当時の順位を示したものである。なお、モゴド、サイハン、バヤンホタグの各ソムは1999年と2002年ともに上位10ソムにランクしている。

　ゾド直前である1999年の上位は、2002年とは大きく異なり、東部地域はヘンティ県の2ソムのみである。むしろ、首都ウランバートルの周囲を囲むトゥブ県の南縁、およびそれに隣接するドンドゴビ県の北縁が多数を占める。この事実から、当時はウランバートルの南、あまり遠くない地域に馬が集中していたと理解するべきだろう。そして、さらに注目すべきは1999年から2002年にかけての増減率であるが、2002年の上位10ソムにも入っている3ソムを除けば、

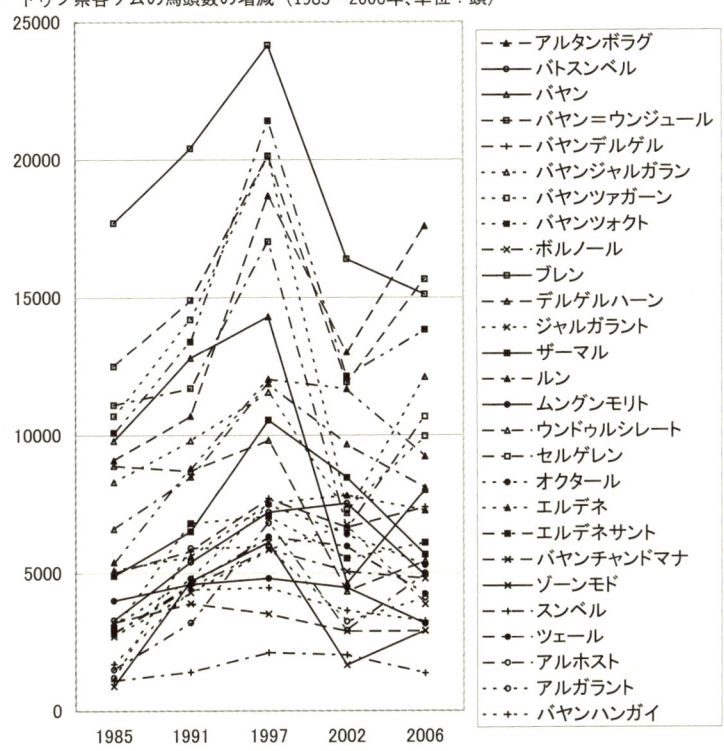

図1　トゥブ県各ソムの馬頭数の増減（1985～2006年、単位：頭）

凡例：アルタンボラグ、バトスンベル、バヤン、バヤン＝ウンジュール、バヤンデルゲル、バヤンジャルガラン、バヤンツァガーン、バヤンツォクト、ボルノール、ブレン、デルゲルハーン、ジャルガラント、ザーマル、ルン、ムングンモリト、ウンドゥルシレート、セルゲレン、オクタール、エルデネ、エルデネサント、バヤンチャンドマナ、ゾーンモド、スンベル、ツェール、アルホスト、アルガラント、バヤンハンガイ

出所）モンゴル国統計局資料より作成。

1999年当時の上位10ソムは軒並み30パーセント以上の減少を示しているのに対し、2002年の上位10ソムは増減相半ばしており、変化トレンドの違いは明らかである。ここから、2002年の上位10ソムは、モンゴル国全体としてのピークであった1999年以降も着実に馬を増加させているか、あるいは他の上位ソムよりも減少率がより少なかったソムによって占められていることが理解できる。

　さらに、1999年のピーク時に上位を占めており、その後大きく馬を減らしたソムの位置づけを、さらに長いタイムスパンで考えるために、別のデータを参照しよう。本章で示す2つの図（図1、図2）は、トゥブ県とヘンティ県各ソ

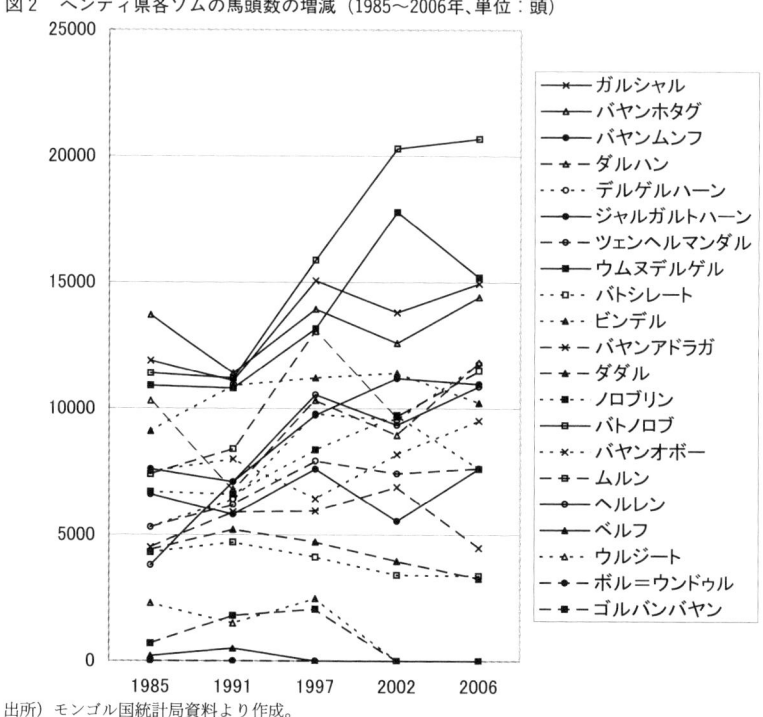

図2　ヘンティ県各ソムの馬頭数の増減（1985～2006年、単位：頭）

凡例：
—×—ガルシャル
—△—バヤンホタグ
—●—バヤンムンフ
- -☆- -ダルハン
· · ○· ·デルゲルハーン
—●—ジャルガルトハーン
- -●- -ツェンヘルマンダル
—■—ウムヌデルゲル
· ·□· ·バトシレート
- -▲- -ビンデル
—*—バヤンアドラガ
—▲—ダダル
- -■- -ノロブリン
—□—バトノロブ
- -×- -バヤンオボー
—□—ムルン
—○—ヘルレン
—▲—ベルフ
- -△- -ウルジート
—●—ボル＝ウンドゥル
—■—ゴルバンバヤン

出所）モンゴル国統計局資料より作成。

ムの、1985年、1991年、1997年、2002年、2006年の馬頭数の増減をグラフにしたものである。これを見れば、1990年代後半のトゥブ県の馬頭数は、異様ともいえる増加状態であったことが理解できる。なお2002年のトゥブ県の数字は、あるソムでは社会主義末期の1985年を若干上回り、あるソムでは下回っている。傾向としては頭数の多いソムほど減少傾向が顕著であるが、県全体の数字としては1985年の15万6,500頭から2002年の18万5,774頭へと、19％増加している。また2006年においても、いくつかのソムで回復は見られるものの、1997年の28万330頭と比べてはるかに少ない19万8,767頭にとどまる。

　一方のヘンティ県においては、トゥブ県と比較して、1990年代後半に顕著な

増加状態が見出せないのが特徴的であるが、県全体としては1985年の13万3900頭から2002年の16万9,778頭へと27％の増加を示している。また2006年の数字も17万5,967頭と、着実な増加を続けている。なお、ここではグラフや数字を示さないが、ヘンティ県の南東に隣接するスフバートル県でも同様の傾向を見出せる。ただし1985年から2002年にかけての増加率は61％と顕著である一方、県全体の2006年の頭数は17万6,343頭で、2002年よりも1万2,500頭の減少を示しており、ここでは別の説明要因が存在するものと想像される。

　ところで、馬の頭数変化と羊の頭数変化を比べてみると興味深い。トゥブ県では1985年の88万7,700頭が1999年に117万5,100頭に増加したが、2002年には80万6,800頭となり、1985年水準の9％減となっている。ところがヘンティ県では1985年の77万4,700頭が1999年には67万7,900頭に、そして2002年には64万4,100頭へと、一貫して減少し1985年水準の17％減である。

　なお、ゾドに最も弱いとモンゴルの人々に考えられている牛の頭数については、1985年段階ではトゥブ県とヘンティ県はほぼ同数であったが、1999年には前者は24万、後者は23万まで増加し、2002年には前者は11万、後者は14.5万と変遷している。つまり、トゥブ県よりヘンティ県のほうがゾドの影響が小さかった可能性は無視できないといえる。だが、それとは別に、ヘンティ県においては羊が減ろうとも馬は増やす、という志向が働いていることも確かであるといえよう[4]。

　さらに、ゾド以降の状況を詳細に見てみよう。表3は、2006年における人口一人あたりの馬頭数の上位10ソムを示したものである。なお数値が接近しているため、この表では小数点以下第2位まで表示している。

　ここから看取できるのは、トゥブ県やボルガン県に位置する1999年段階における上位ソムの再増加、あるいは全体的な増加傾向とともに、東部地域がトップのアスガト・ソム以下、依然として10ソム中6ソムを占めているという現状である。こうした、馬のトータルな増加の仕方、およびゾド後の頭数変化を考慮に入れれば、彼らが他地域のモンゴル人以上に馬へ執着しているだろうこと

表3　人口一人あたりの馬頭数の上位10ソム（2006年）

| 順位 | ソム名 | 県 | 頭／人 | 実頭数 |
|---|---|---|---|---|
| 1 | アスガト | スフバートル | 8.98 | 15,571 |
| 2 | バヤンジャルガラン | トゥブ | 7.64 | 12,105 |
| 3 | バトノロブ | ヘンティ | 7.33 | 20,681 |
| 4 | サイハン | ボルガン | 7.02 | 26,072 |
| 5 | セルゲレン | ドルノド | 6.96 | 23,570 |
| 6 | バヤンホタグ | ヘンティ | 6.61 | 14,417 |
| 7 | バヤンデルゲル | トゥブ | 6.58 | 7,380 |
| 8 | スフバートル | スフバートル | 6.50 | 21,010 |
| 9 | ダルハン | ヘンティ | 6.41 | 11,837 |
| 10 | モゴド | ボルガン | 6.25 | 16,795 |

出所）モンゴル国統計局資料より作成。

が理解できるし、さらにはその環境も馬に向いているのではないか、と憶測することもあながち的外れではあるまい。だとすれば、さしあたりモンゴル国東部地域は、人文社会的にも自然的にも、馬によって特徴付けられる地域なのだ、と仮定してみることができるだろう。

## 3　馬の意味づけ

次に、やや視点を変えて、牧民にとって馬を所有することの意味を考えてみたい。基本的に牧民の生活は家畜や獣毛、乳製品、皮革などを販売した収入によって支えられている。つまり、家畜は第一義的には生活手段であるということができる。特に、高値で取引されるカシミアを産出する山羊は収入の大きな柱となっており、その結果として近年、顕著な頭数増加がみられる。

それに対して、馬は少々様相を異にする。馬で現金収入を得ようとすれば、馬乳酒を売るのが一般的である。すなわち、搾乳対象のメス馬が主たる収入源となる。例えば筆者が2007年春に聞き取り調査を行ったボルガン県の牧民C氏によれば、彼が所有する馬100頭ほどのうち30頭がメス馬で、夏であれば馬乳

酒で1日6万トゥグルク（約6,000円）の売り上げが可能であると語っていた。しかし、県中心地近くに夏営地を構え、実際に馬乳酒を売却しうる可能性があるC氏ですら、実際にはほとんどを自分たちで飲んでしまい、現金に換えることは少ないという。

ましてや去勢馬や種オスは、時にナーダム用の競走馬として高値で取引される、という話を牧民宅で耳にする一方、どんなに多くの馬を所有している牧民であっても、筆者はそれを転売用に飼養している事例を目にしたことも、また地域社会レベルでそういう牧民が存在するという具体的事例を耳にしたこともない。むしろ、彼らが決まって口にするのは、単に馬が好きで、馬の調教を自ら行うことに喜びを感じており、それゆえに馬好きは馬を増やすものだという、完全に経済的利益を無視した馬への愛着である。

実際、ナーダムで入賞した馬を所有する社会的威信、あるいは自己達成感は、モンゴルの人々にとって非常に重要な意味を持っていると思われる。モンゴルの場合、ウランバートル在住の政府要人や大企業の経営者といった一握りの超富裕層を除けば、ナーダムで入賞した馬を所有しているということは即ち、自らオヤーチ（調教師）として馬を育て上げたことを意味する。つまり、モンゴルの地方社会における馬好きとは社会的に容認される存在であるだけでなく、むしろあるべき生活スタイルの実践者であるともいえよう。

ここで、筆者が2004年にヘンティ県ガルシャル・ソムで聞き取り調査を行った、B氏（当時68歳、男性）の事例を紹介しよう。彼は、1960～70年代に国家レベルでも名を馳せたオヤーチである。日頃はソム中心地に居住しており、生活の全収入を牧畜に頼る第一線の牧民とは立場が異なるが、所有家畜が羊・山羊100頭、牛20頭、馬60頭、ラクダ6頭（全て娘婿が放牧）というのはモンゴルの常識に照らして、突出して馬が多いと言える。

そもそも、この数字は牧畜以外の収入源の存在が前提になっているものと想像される。というのも、羊・山羊100頭というのは純粋な牧民としては貧困な部類に属するが、貧困な牧民が60頭もの馬を所有することはありえないからで

写真　水場に集まる馬群（ヘンティ県ダルハン・ソム）

尾崎孝宏撮影、2005年。

ある。生活必要頭数という面からのみ考えれば、馬は10頭少々で十分である。また、牧畜で収益を追及する立場から見ても、馬より羊・山羊もしくは牛を殖やすのが常道である。しかし、それでもB氏は多数の馬を所有している。この事実からB氏は、経済的利益を犠牲にしてまで馬を持ちたい、という情熱の持ち主であることが容易に想像できるし、実際そうである。

　また、数多くの駿馬を育ててきたB氏が、以下のような考え方を示すことが興味深い。B氏いわく、オヤーチの最大の喜びは、レース前に人から「あなたの馬は優勝するよ」と言ってもらえることであるという。ナーダムの競馬で優勝すれば、テレビや車といった賞品類が得られるし、あるいは富裕者から転売のオファーが来ることもありうる。つまり利益を得るチャンスが存在するのだが、そうした利益よりも威信や誇りのほうが重視されるのである。全てのモン

ゴル人がそうだとは言い切れないが、少なくとも、モンゴルの人々が威信や誇りの問題を抜きに馬を考えうるとは思えないし、馬好きであればあるほど、経済的問題は二の次になっていると断言しても過言ではない。

　ところで、モンゴル東部地域において、馬好きを自認する人々が尊敬して止まない、一人の人物がいる。彼らの間で「ウブグン・ノヨン（老公）」と呼ばれている、「ハルデル・ジャンジン貝子(ベイツ)（モンゴル貴族の称号の一つ）」プレブジャブである。彼は1844年に生まれ、1885年にビシュレルト・ザサク旗のザサク（旗長）職、つまり封建領主の地位を父親から受け継いだ貴族である。没年は1932年、享年88歳であった。

　ちなみに現代モンゴル社会においては、ビシュレルト・ザサク旗とは現在のガルシャル・ソムに相当する地域であると一般に認識されているが、岡洋樹の研究によれば、当旗はガルシャル・ソムと完全に重なり合うわけではなく、ガルシャル・ソム西半分および隣接するドルノゴビ県のイフヘット・ソムとアルタンシレー・ソムの一部にまたがる領域に広がっていたという。もちろん人口構成面でもビシュレルト・ザサク旗とガルシャル・ソムには相当程度の断絶がある。なお現在モンゴル国で検討されている、複数ソムを包含する行政単位としての旗の復活に関連して、当旗名は取りざたされていない[5]。

　さて、このプレブジャブ公が馬好きの人々の話題に上がる理由は、他でもなく彼が伝説的なオヤーチであり、それと同時に競走馬の育成に努めた人物だったからである。オヤーチとしての彼の実績は、彼が父からザサク職を継いだ頃の1880〜90年代に顕著である。当時はほぼ毎年、前述のジェブツンダンバ・ホトクトの長寿を祈念する行事の一環として「ダンシグ・ナーダム」と呼ばれるナーダムが開催されていたが、彼は自分の馬を10回ほど優勝させ、30回ほど入賞（5位以内）させたと伝えられている。

　また、1921年の人民革命以後も、さすがにプレブジャブ公の名前は出てこないものの、20世紀前半の国家ナーダムにおいて、旧ビシュレルト・ザサク旗近辺の馬の速さは際立っている。その結果、現在でもなお「ガルシャルの馬」と

言えば良馬の誉れ高く、『モンゴルの馬』という本の中でも良馬の血統として真っ先に言及されている。また、現在も「ガルシャル産」というだけで取引価格が上昇するようなブランド扱いを受けているが、それも押しなべてプレブジャブ公の事績がその根拠として挙げられるのである[6]。

現地の人々による語りのレベルでは、プレブジャブ公は競走馬の育成のため単にモンゴル中から馬を買い集めただけでなく、彼は速い馬を見出す天才的な才能を有していたことになっており、現在まで数々の事跡が言い伝えられている。またガルシャル・ソムのある家にはプレブジャブ公のタムガ（馬の焼印）が保存されていたが、これなども家の当主の許可がなければ写真撮影はおろか、触れることさえ許されない聖物扱いであった。

モンゴル民主化以降、人々は様々な機会を名目としてナーダムを行ってきた。ナーダムに関する統計などが公表されているわけではないが、一般の人々の認識として、明らかにナーダムの回数は増加したという。そうした、民主化以降に開催されるようになったナーダムの一つに、老公プレブジャブを記念するナーダムがある。これはガルシャル・ソム[7]で行われ、インフォーマントから確認できた情報を総合すると、少なくとも1993年、1994年、1997年に開催されているようである。筆者が1998年夏に、スフバートル県南部のオンゴン・ソムで聞き取り調査を行った際、現在は東部3県（ヘンティ、スフバートル、ドルノド）のナーダムという位置づけになっているが、という注釈つきで、1997年のナーダムに馬を3頭出走させたという牧民が存在したが、彼によれば、1997年は600頭の馬が出走した大規模なナーダムであったという。

## 4　モンゴルの地域を論じる意義

本章では、そのタイトルとして「セツェン・ハン地域」という地域名称を掲げているが、これは現在一般的に使用されている名称ではない。この地域名称は、すでに論じたように、当該地域が清朝からボグド・ハーン政権期に及ぶ

200年以上の間「セツェン・ハン部」と呼ばれ、さらには近い将来再び同様の名称で呼ばれる可能性があるという行政史的含意、そして当該地域が「第二遊牧中原」と呼びうる歴史的中心地域を含む、全般的に馬に特化した牧畜適地であるという牧畜史的含意、そして「セツェン・ハン部」の王侯であったプレブジャブ公の事跡に端を発するオヤーチおよび競走馬の栄光が存在する、という文化史的含意を込めて筆者らが名づけたものである。こうした個々の事実は、いずれも、モンゴルにおいてこの地域が、馬を題材にモンゴルの牧畜を論じるにふさわしい地域であることを証明してくれるだろう。

　しかし、振り返って、ほかならぬ日本人がモンゴルのこの地域を論じることの意義は一体何だろうか。答えは二通りあるといえる。

　まず現代モンゴル研究の文脈からいえば、「モンゴルは〜である」式の、あまりに一般化された物言いからの脱却である。1990年代のモンゴル研究のトレンドは、「典型」の追及であった。社会主義崩壊以後、モンゴル国内で自由に現地調査のできるようになった外国人研究者にとってまず目指すべき場所は、一地点の事例を以て「モンゴルでは」と語ってもとりあえず許される、代表性の高いと考えうるような場所であったことはやむをえないことであったし、またナショナル・アイデンティティの高揚していたモンゴル人研究者にとっても、国家レベルで一般化された「モンゴル的」なるものを語ることに大きな意義を見出していたことは仕方がない。

　しかし、言うまでもなくモンゴルの現実はそう単純ではない。特に、地域的偏差と呼びうるような多様性の存在は疑いようがない。無論、だからこそ国家的標準を作る必要があるというのは、恐らくナショナリストの立場としては正当である。例えば筆者は1990年代後半から、モンゴル南東部の決してメジャーとはいえない場所で現地調査を行ってきたが、あるとき日本国内の研究会でモンゴル国からの留学生に「彼（＝筆者）の持ち出す事例はモンゴルではない」と評されたことがある。フィールド調査者の立場としては現実が「間違っている」のではなく、明らかに理念モデル（ないしは常識）が現実をすくい取れて

いないだけなのだが、これは1990年代の「時代の雰囲気」を色濃く反映したエピソードであるといえよう。

　それに対して本書は、「20世紀的」な、一元論的「典型」観を超克する第一歩と位置づけうる。つまり、馬牧畜に限定すればモンゴル国内の中心地の一つと考えられるセツェン・ハン地域を題材とすることで、一般化された物言いではすくい取れないモンゴルの地域的多様性、つまり多元論的モンゴル牧畜社会観を実証的に提唱しようと試みた、といえよう。言い換えれば、これは従来の「典型」に取って代わる新しい「典型」を提示する試みではなく、「典型」の相対化を意図しているのである。これが第一の答えである。

　また、もう一つの答えの手がかりとして、2000年前後のゾドをきっかけとして、首都ウランバートルへの人口一極集中に拍車がかかっているモンゴル国の現実が存在する。当初、この現象は家畜を失い貧困化した牧民が都市へ流入しているのだと理解されていたが、ゾド終結後もこの傾向が収まらないところから見て、むしろ学校や病院など、都市でのみ整備されている社会インフラに惹かれての人口流入と理解するほうが妥当であるようだ。現に、総体として人口が減少している地域でも、都市的空間だけは人口増加が発生しているケースが存在する。

　皮肉な考え方だが、人口集中の結果、社会インフラの整備対象がウランバートルのみ、あるいは限られた数の都市的空間のみに限定できれば、それはある意味で効率的であるといえる。少なくとも行政サービスの提供側にとっては、間違いなく効率的である。すなわち、一方で政府サイドの効率性追求、他方で住民サイドの快適性および雇用機会追求の結果として現代モンゴルで見られている人口流動が発生しているのだが、これは日本人として何か思い当たらないだろうか。そう、日本の過疎化の現状と同様の構造である。

　実際問題、この連想は荒唐無稽ともいえない。筆者が2005年にオブス県で聞き取りを行った際、県議会議長が前述の行政組織再編プランに言及したのだが、そこで引き合いに出したのは日本の町村合併、つまり「平成の大合併」であっ

た。モンゴル国の行政組織再編プランが直接的に日本の町村合併をモデルとしているかどうか、筆者は確認していないものの、政策を立案・実行する立場にいるモンゴル人の、少なくとも一部は、確かに両者を類似の事象として見なしていると言える。

　すると、こう考えることもできまいか。現在のモンゴルで敢えて非都市部での居住を選択する人々の生き様は、日本の非都市部で積極的な意味を見出しつつ居住するためのヒントを含んでいるのではないだろうか、と。本書で繰り返し述べることになるが、セツェン・ハン地域で生きる牧民が、もちろん全てが当てはまるわけではないが、牧民であり続けている大きな動機の一つは馬である。彼らの社会を仔細に見ていけば、それが直接我々の社会に応用可能であるという意味では「役に立つもの」でないにせよ、決して遠い世界のおとぎ話ではなく、少々迂遠な形ではあるが我々が現在を生きていくための知恵を必ずや含んでいるはずである。それが本書の提示する、もう一つの答えである。

注
1) 本章では、「皇帝」に相当する称号を「ハーン」、「王」に相当する称号を「ハン」と表記する。
2) 若松（1999）、中見（2002）、Ринчэн（1979）参照。
3) 小長谷（1998）参照。
4) State Statistical Office of Mongolia（1996）参照。
5) 岡（2002）参照。なお新旗名（案）は、「セツェン・ハン旗」である。
6) Даваахүү（1999）、Цэвэгмэд（2000）参照。
7) 正確には現在のソム中心地ではなく、ビシュレルト・ザサク旗の印務処が置かれていた北部のホジルトで開催された。ここは1978年に南隣のボヤント・ソムと合併して現在のガルシャル・ソムが成立するまで、ガルシャル・ソムの中心地であった場所でもある。

**参考文献**

Ринчэн, Б.（1979）*Монгол Ард Улсын Угсаатны судлал, Хэлний Шинжилгээний*

*Атлас*. Улаанбаатар: БНМАУ-ын ШУА-ийн Хэл зохиолын хүрээлэн, БНМАУ-ын ШУА-ийн Газар зүй, цэвэг судлалын хүрээлэн, БНМАУ-ын Сайд нарын Зөвлөлийн Гарилга-архитектурын харьяа Улсын гэодези, зураг зүйн газар.

中見立夫（1992）「モンゴルとチベット」間野英二・中見立夫・堀直・小松久雄『地域からの世界史 6 内陸アジア』pp. 135-156。

State Statistical Office of Mongolia（1996）*Agriculture in Mongolia 1971-1995.* Ulaanbaatar : State Statistical Office of Mongolia.

小長谷有紀（1998）「地図でよむモンゴル」『季刊民族学』85号、pp. 34-39。

Даваахүү, Д.（1999）*Хүлэгчийн Нууц*. Улаанбаатар : 出版社不明.

若松寛（1999）「北アジアと清朝」若松寛（責任編集）『アジアの歴史と文化 7 北アジア史』pp. 112-129。

Цэвэгмэд, Г.（2000）*Монгол Адуу*. Улаанбаатар : Интерпресс.

岡洋樹（2002）「モンゴルにおける地方社会の伝統的構成単位オトグ・バグについて――モンゴル国ヘンティ・アイマグ、ガルシャル・ソム調査報告――」『モンゴル研究論集：東北大学東北アジア研究センター・モンゴル研究成果報告Ⅰ』、pp. 209-233。

# Part 1　風の部
## ──馬を巡る文化、風土──

　本パートでは、セツェン・ハン地域の気候条件や馬に関わる文化、つまり当地に住む人々がいかに馬と接しているのかについて論じる。

# 第1章　モンゴル東部地域の気候

森永　由紀

## 1　モンゴル東部地域の気候と馬の飼養

　はじめに、1987年に発行された『モンゴル共和国の気候と地表水の資源地図』より、モンゴル東部地域の気候を概観する。この地図帳には、モンゴル国の気候図、農業気候図、牧畜気候図、建築のための工学気候図および河川の流出、河川の流量、蒸発量、雪氷現象、水質など水文学的な諸要素が分布図として掲載されている。旧ソ連の研究者が中心になってまとめたもので、巻末にはモンゴル語、ロシア語、英語の解説が掲載されている。データはモンゴル気象水文研究所の観測網によってとられており、作図には、15年から40年間の平均値が使われている（ただし使用されたデータ期間は明記されていない）。今から20年前に発行されたものではあるが、気候、水文に関するこのように充実した図は、近年作成されたごく一部の図を除き入手できない。

　モンゴル高原の北に位置するモンゴル国は平均標高が1,580mあり、平均標高を越す地域が全土の40％、1,000mを越す地域は80％を越えている。西側には4,000m級の氷河を抱くアルタイ山脈、中央北部にはハンガイ山脈が連なり、東側に行くほど平らになる。自然地理的区分としては Sh.ツェグミドにより、以下の4つに分けられている。①北部のハンガイ＝ヘンティ山脈地域、②北西端から南東端にのびるアルタイ山脈地域、③東部の最も標高が低くて平らなモンゴル東部地域、および④南側に位置し比較的平らなゴビ地域である。それぞれがさらに3つに小区分される（図1）。

図1　自然地理的区分

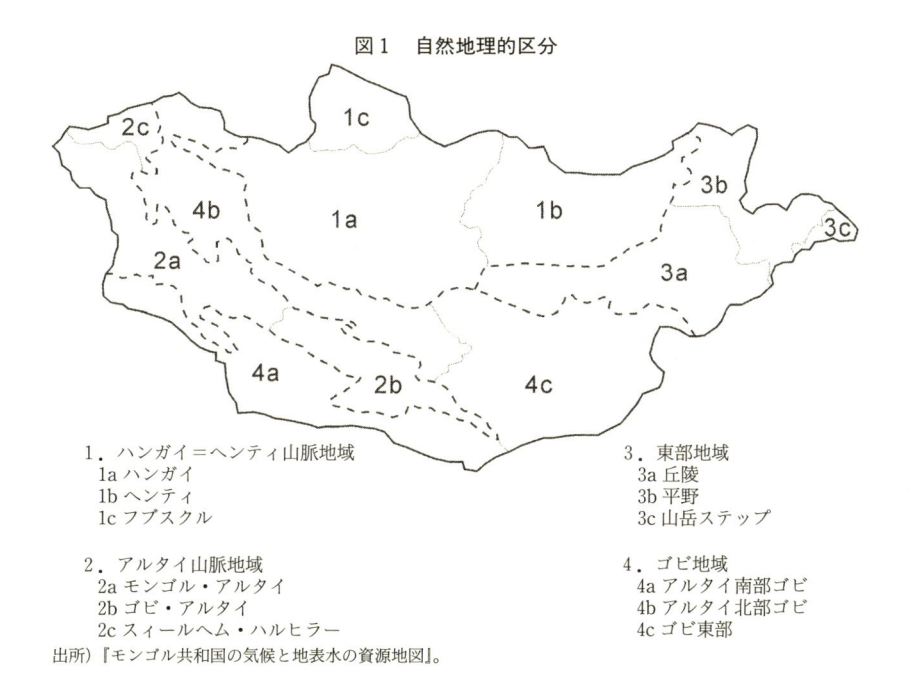

1．ハンガイ＝ヘンティ山脈地域
　1a ハンガイ
　1b ヘンティ
　1c フブスクル

2．アルタイ山脈地域
　2a モンゴル・アルタイ
　2b ゴビ・アルタイ
　2c スィールヘム・ハルヒラー

3．東部地域
　3a 丘陵
　3b 平野
　3c 山岳ステップ

4．ゴビ地域
　4a アルタイ南部ゴビ
　4b アルタイ北部ゴビ
　4c ゴビ東部

出所）『モンゴル共和国の気候と地表水の資源地図』。

　本章で述べるモンゴル東部地域は、最も標高が低くて平らであるが、それがさらに標高500〜1,000mの平野、1,000〜1,500mの丘陵、1,500m前後の山岳ステップに分けられる（標高は目安）。おおざっぱではあるが平野にはドルノド県、丘陵にはヘンティ県のヘルレン川の南側とスフバートル県、山岳ステップはごく狭いが、ドルノド県の東端で大シンアンリン山脈にかかる部分が含まれる。本書で中心的に扱われるガルシャル・ソム（ソムセンターの標高は1,200m）は丘陵に属する。

　以上の自然地理的区分は、山脈、平野部、砂漠といった自然景観によって分けられている。次に気候学的区分からモンゴル東部地域をみてみよう。

　気候帯の区分は、B.ジャンバジャムツにより気温、地温、降水量に着目してなされている。まず気温が10℃を超えている期間の地表面の積算温度（日々の平均温度の積算値）を5段階にわける。次に乾燥の度合いを示す乾燥指数

$$K = d/R \quad d：年間湿度の不足分 \quad R：年降水量$$

を5段階にわけ、これらの2枚の図を重ねて、以下のように5段階の気候区分を行う。

　Ⅰ．湿潤で最も冷涼な地域、
　Ⅱ．比較的湿潤で冷涼な地域、
　Ⅲ．比較的乾燥して比較的冷涼な地域、
　Ⅳ．乾燥して比較的温暖な地域、
　Ⅴ．極端に乾燥して温暖な地域

　この5つの段階それぞれが最大4までに冬の厳しさによって小区分されている。厳しさは氷点下の積算気温とプラスの積算気温の差であらわし、1～4の数が小さいほど厳しさが増し、1．厳寒、2．とても寒い、3．寒い、4．比較的寒い、の4小区分である。つまり年間の乾燥の度合いと夏の温度条件で5段階に分け、それを冬の気温でさらに4つに小区分したことになる。

　モンゴル東部地域のほとんどを占めるⅢ―3の特長は「比較的乾燥して夏は比較的冷涼で冬は寒い」となる。低地の一部を占めるⅣ―3の特長は「乾燥して夏は暑く冬は寒い」となる。国境沿いの山岳地域はⅡ―3で「比較的湿潤で夏は冷涼で冬は寒い」となる。（ちなみに上記の①のハンガイ＝ヘンティ山脈地域はⅠ、Ⅱ、Ⅲ―2，②アルタイ山脈地域はⅠからⅤまでかなり複雑に入りくんでいる、④ゴビ地域はⅤの区分にほぼ該当する。）

　気象水文研究所のデータによるとモンゴル東部地域の年平均気温は－0.9℃から1.5℃の間である。気温が最高になる7月には北部の山では17℃から18.9℃、他の地域では20℃から24℃である。最低になる1月には、－19.1から－23.7℃になる。最高気温では1999年7月にドルノド県のマタド・ソムで41.5℃を記録し、最低気温は1979年1月にヘンティ県のビンデル・ソムで－46.3℃を記録した。年降水量の平均は188～399mmで、暖候期（4～10月）に93.3～96％降り、寒候期（11～3月）には6％程度しか降らない。日降水量が0.1mm以上になるのが53～71日間で、そのうち5mm以上になるのは30～47日間

である。

　ふたたび地図帳に戻ると、ここには畜産気候学的区分も掲載されており、モンゴル国らしさが際立つ。区分は牧草の生育環境に着目して行われている。上記の乾燥指数は牧草の生産量と関係が深いので、その5段階でまず区分する。温度の扱いは気候図とはやや異なり、牧草の生育期間を日平均気温が5℃以上になる期間とみなし、その積算気温を4段階にわける。両者を重ねて5段階に分けると

　　Ⅰ．湿潤で冷涼な地域、
　　Ⅱ．比較的湿潤で冷涼な地域、
　　Ⅲ．比較的乾燥して比較的冷涼な地域、
　　Ⅳ．乾燥して比較的温暖な地域、
　　Ⅴ．極端に乾燥して温暖な地域

の5地域に区分される。それがさらに−30℃以下になる日数で最大3つの小区分（厳寒、寒い、比較的寒い）に分けられる。地図の凡例には小区分されたそれぞれの地域の積雪の深さ、風速が15m/s以上になる日数などがあわせて示されている。

　モンゴル東部地域の殆どを占める牧畜気候学的区分のⅣ−3地域は「乾燥して夏は比較的暑く冬は比較的寒い」となり、具体的数値としては、乾燥指数4.1〜5.5、気温5℃以上の期間の積算気温が2,000〜2,500℃、−30℃より寒い日数が30日未満、積雪深が5〜10cm、風速が15m/sより強い日数が20〜30日間となっている。

　さらに別の図では、5畜それぞれの飼養に対する地域の適性が、気候学的な特徴をもとに3段階（最適、適している、適していない）で示されている。図2に馬の飼養に適した地域を示す。馬はほぼ全土で飼養が可能で、適していないのはⅠの湿潤で冷涼な地域（主として高山）に限られている。最適な地域は主にⅣに該当するが、ウブルハンガイ県の北部からモンゴル東部地域にかけて帯状に広がるのが目を引く。羊の飼養に適した地域分布は馬のそれと非常によ

図2　馬の飼養のための気候図

■ 馬の飼養に最適
□ 馬の飼養に適している
▩ 馬の飼養に適していない

出所）図1同様。

く似て、高山以外はほぼ全土が飼養に適している。山羊もこれに類似する。それに対して牛には高温で乾燥なゴビ地域が、ラクダには北側の寒くて湿潤な地域が飼養に向いていない。

　これらの家畜の飼養に適した地域の分布図によると、モンゴル東部地域は馬、羊の飼養に「最適」であり、山羊、牛、ラクダには「適している」とされ、「適していない」とされる家畜は5畜の中ではいない。気候の特徴だが、寒冷で乾燥という内陸の高原の特徴をもつモンゴルの中においてこの地域は、低地であることも加わり比較的おだやかな気候である。積雪はそこそこで、若干風が強い日が多いのが特徴といえる。後述するが、平均にして5〜10cm前後の「そこそこの積雪」というのは寒冷で乾燥なモンゴルの遊牧にとって大きな役割を果たす。このような気候を反映して、どの家畜も飼養が可能なのであろう。

　さらにいうと、5畜すべての飼養に適している地域が広大に広がるところは国土の中で他にない。広大に広がるということは、気象要素、それにともなう土壌水分や植生の年々変化の大きなモンゴルにおいては、重要な意味をもつ。移動によってさまざまな好ましくない条件、たとえば干ばつ、高温、低温、多

雪、寡雪、過放牧などゾドにつながるような条件を回避することが可能になるからである。ガルシャル・ソムはこの広大な遊牧の適地のほぼ中心に位置する。

## 2 ゾド

　ここであらためて、モンゴルの自然災害であるゾドについて述べる。ゾドの定義は複数あるが、筆者がゾドに関してレビューした気候学系の文献の中でモンゴル人研究者によって広く用いられているものによると、ゾドとは「放牧家畜が（十分な草や水を摂取できずに）大量に餓死する直接的要因となる、冬から春の草地の地表面状態あるいは天候」ということができる。家畜の大量死そのものよりも、その要因となる状態をさすことが多く、大量死はゾドの結果と捉えるほうがよさそうである。日本ではしばしば雪害と訳されるが、雪が必ずしも原因でない場合もあるので、筆者はむしろ「寒雪害」と訳す方が適当ではないかと考える。

　ゾドにはいろいろなタイプがある。「白いゾド」とは草が積雪に覆われる状態をさす。「鉄（ガラス）のゾド」とは融解した積雪が再凍結してできた硬い氷に覆われる状態で、気温が0℃付近まで上がる秋や春に起こりやすい。過放牧が原因の「蹄（ひづめ）のゾド」は、草の量が最低になる春先に多い。「黒いゾド」は解釈がわかれるが、最低条件は積雪がなくて飲み水不足になる状態である。表層水が凍結するために寒候季の家畜は、積雪を食べることで水分を摂取することが多いからであり、「そこそこの積雪」の得られる場所を求めて家畜を移動させる場合も少なくない。このほか、放牧に好ましくない条件として、「嵐のゾド」、「寒さのゾド」などもある（篠田・森永 2005）。

　ゾドの発生には、冬・春越えをする際の条件に深く関わるものとして、前の夏の牧草の状態がきわめて重要である。牧草がよければよほどの悪天か厚い雪氷に覆われない限りゾドにはならない。牧草がよければ、草丈が高いために、白いゾド、鉄のゾドなどが起きても程度が軽い。家畜は、夏以来、十分に栄養

を摂取していて基礎体力があるし、非常時のための干し草の備蓄量にも、夏季の草の量が反映する。干ばつの後にゾドが深刻化しやすいゆえんである。付け加えると、家畜は夏季の高温にも弱く、干ばつ時は通常高温となり家畜の採食時間が短縮して、体重増加が抑制されることも、後のゾドの深刻化に関係する（Tuvaansuren and Bayarbaatar 2002）。

## 3　2000/01年ガルシャル・ソムのゾドと天候

本節では、2006年3月22〜26日に訪問したガルシャル・ソムでの聞き取り、およびウランバートルの気象水文研究所で集めた気象データより、2000〜01年にガルシャルで起きたゾドと天候について述べる。

聞き取りはガルシャル・ソムセンターおよびその周辺のゲルにて行った。ガルシャル・ソムでの気象観測データは1974年から集めることができたが、データにはかなり欠測が多く、過去30年あまりの平均値を求めたり、気象要素の時間的な変化を求めるには不十分である。1995年に簡易的な気象観測点（人員1

図3　ガルシャル・ソムの家畜数

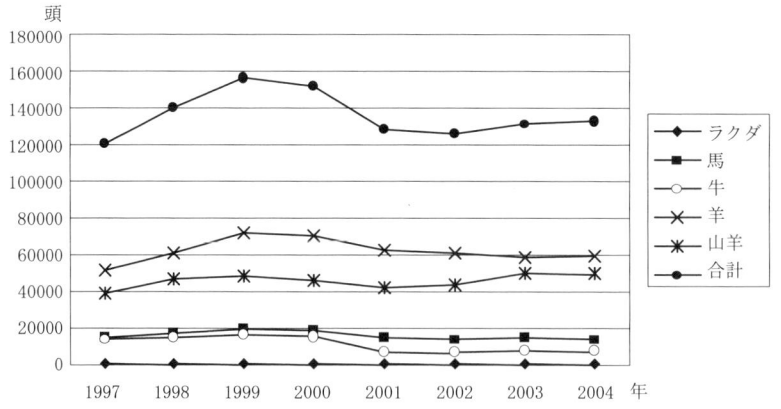

出所）"Mongolian Statistical Yearbook"より作成。図4も同様。

名）から正規の気象観測点（人員4人以上）に変わって観測も充実したので、気温、降水量の月値の傾向をみるためにはデータの揃っている1996年から2004年までの9年間のデータを用いる（この期間では1996年2月のみが欠測である）。月や要素によっては、さらに遡って検証することも可能である。

　1999～2000年から3年連続で大規模なゾドがモンゴル国を襲ったが、ガルシャルでは2年目の2000～01年の被害が大きかった。1997年から2004年までのガルシャル・ソムの家畜数（統計局）をみると、1999年がピークで2001年にゾドで家畜数が減ってから、全国的に増加傾向にある山羊を除き、その数は横ばいであまり回復していない（図3）。2000～01年に失った家畜の中では、牛が5割以上と、特別に大きな数値を示し、馬、ラクダがそれに続き、大家畜が多く失われたことを示す（図4）。

　ガルシャル・ソムの気象台の観測員によると「2000年の夏は干ばつだった。草丈が5cmを超えるとバイオマス量を10日に1回測定するきまりだが、最近はそれが（草丈が5cmを下回るため）計れないことが増えてきた。2000年の大晦

**図4　家畜の減少率**

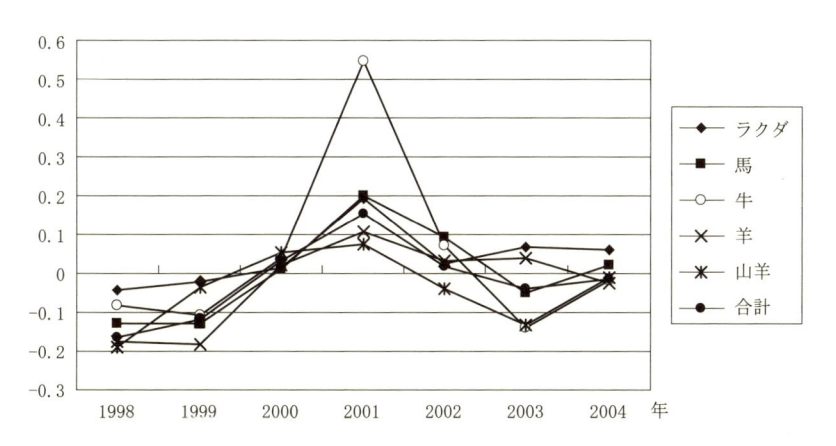

注）前年との家畜数の差を比であらわした。プラスは減少、マイナスは増加。

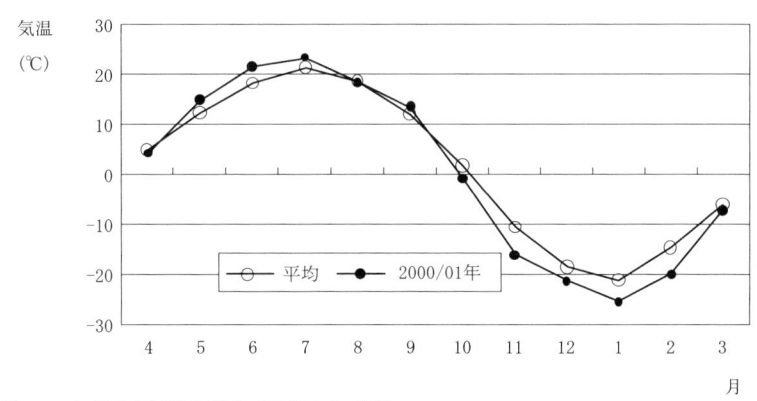

図5　ガルシャル・ソムの月平均気温の年変化

出所）モンゴル気象水文研究所資料。以下図9まで同様。

日に吹雪が襲い、風速20m/sを記録した。48時間あらゆる方向から強風が吹き続け、大量の家畜が死んだ。小さい家畜は雪に埋もれて死に、大きい家畜は歩けなくなって死んだ。新年パーティーのために1つの家族から約1名、若い者がソムセンターに来ていたが、吹雪が始まってからは動きがとれず、家畜を追うためにソム・センターから家に帰ることもできなかった」。

　このような干ばつに続くゾドの様子を、気象データから検証してみる。図5に1996年から2004年までの9年間の平均値と2000/01年の気温の月ごとの変化を示す。まず平均値でみると、ガルシャル・ソムでは最高気温は7月に21.3℃、最低気温は1月に－21.3℃となる。平均気温の符号（プラス、マイナス）が変わるのは10月と3月から4月にかけてである。これに対して2000/01年は、暖候期は高めに推移し（7月の平均気温は23.3℃）、寒候期は低めに推移した（1月の平均気温は－25.6℃）。気温の偏差の傾向からは、干ばつに続くゾドという、ゾドが深刻化するポテンシャルの高い天候であったことが推察される。

　降水量もあわせてみると、特に牧草の生育期間である5月から7月にかけて降水量が非常に少なく、夏の終わりに多くの地域で干草の準備に入る8月に入

図6　ガルシャル・ソムの暖候季の月降水量

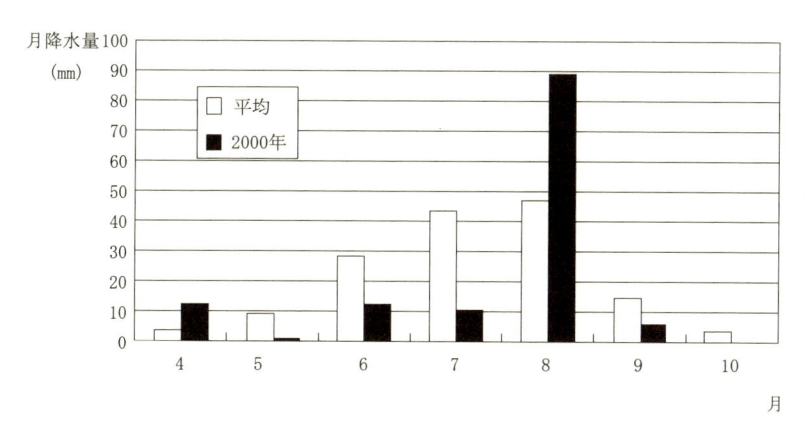

ってから多量の降水がみられた（図6）。年間で最高気温を記録する7月についてみると1990年から2004年までの14年間のうち（1995年は欠測）、2000年がもっとも気温が高く、かつ降水量が少なかった（図7）。2000年の暖候期の降

図7　ガルシャル・ソムの7月の気温と降水量

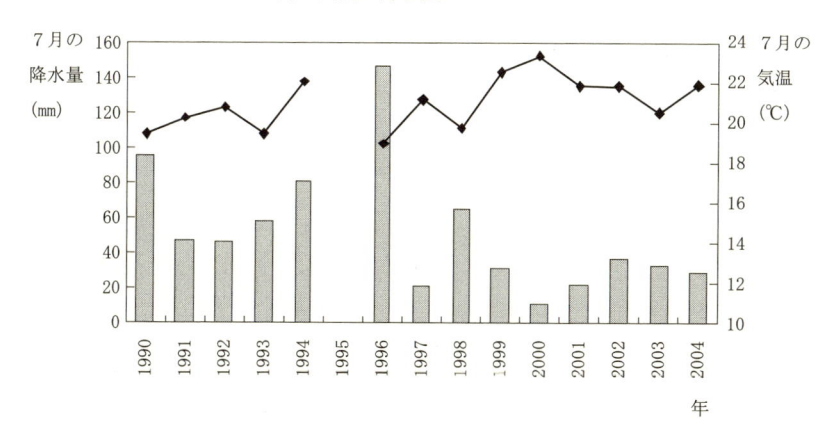

図8　ガルシャル・ソムの2000年の暖候季の日降水量と日最高気温

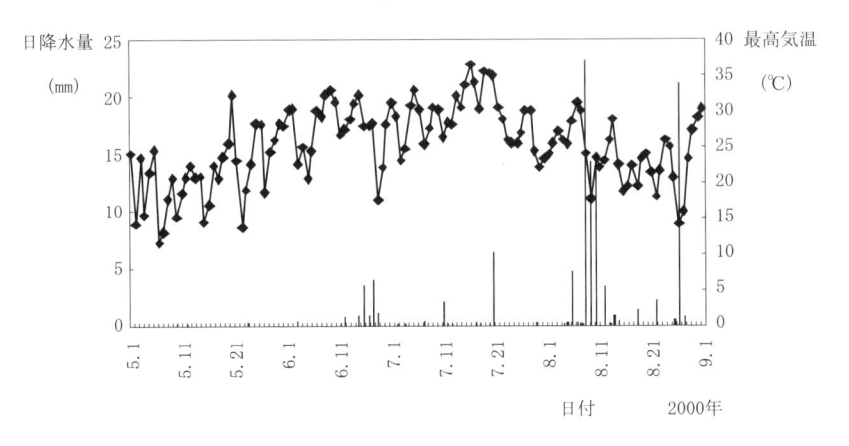

水量と最高気温を日値でみると、5月から7月にかけての3ヵ月間、6月の20日前後と7月中旬に少しまとまった降水があったほかは、ほとんどみられなかった（図8）。5、6、7月で1mm以上の降水が記録されたのは、合計6日間

図9　ガルシャル・ソムの1月の月降水量と月平均気温

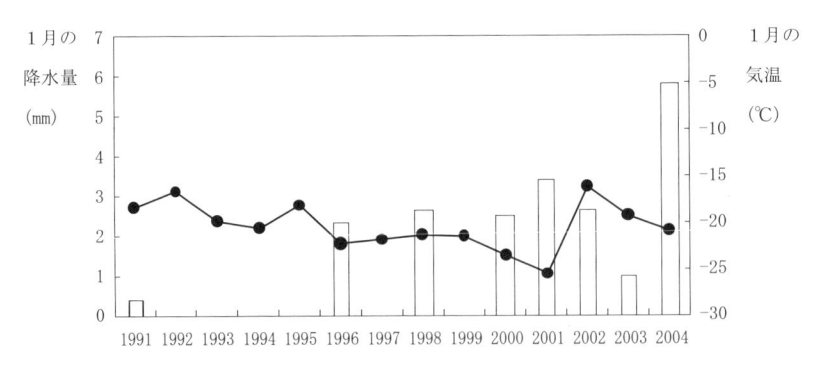

のみである。最高気温が30℃を超えはじめたのは5月の下旬で、ナーダムの頃の7月10日からは10日間連続して30度以上になる暑い日が続いた。以上のデータから、ガルシャル・ソムの気象台の観測員の述べる、2000年の干ばつの様子をうかがい知ることができる。

次に、冬のゾドであるが、図5にあるように2000年11月から2001年2月まで平均値を下回る気温が観測され、特に1月の気温は過去14年間で最も低かった（図9）。オヤーチであるバイチンニャム氏（70歳、2006年3月23日聞き取り時）はガルシャルでの過去のゾドを1944〜45、1966、1986〜87、2000〜01と記憶しているが、他の3回の雪の深かったゾドに比べて2000〜01のゾドの特徴はその厳しい寒さにあったと述べている。（1944〜45については深い雪と厳しい寒さの両方に見舞われたという）。また、ガルシャル・ソムの他の牧民からも、2000年の夏が干ばつだったので、たった20cmの雪でも草がほとんど雪の下に埋もれてしまったことや、草丈が高ければ雪もやわらかく保たれるが、短かったので雪が固結していたなど、干ばつの後にわずかの雪でも採食の条件が悪くなる様子が聞かれた。

図4では、牛、馬、ラクダといった大家畜の死亡の割合が大きかったことがわかる。ナツァグドルジとサラントヤー（Natsgadorj and Sarantuya 2004）はモンゴル全土の家畜の種ごとの死亡数（県の単位）と気象要素の解析から、小型家畜の山羊、羊より大型家畜の馬、牛の死亡数の方が天候の影響を受けやすいうえ、馬、牛は冬の天候よりも干ばつに弱いことを示したが、この傾向と一致する。また、牛が大量に死んだもう一つの理由であるが、牛は5畜の中でもっとも白いゾドに弱いとされる。蹄で雪をかくことができず、鼻面で雪をどけ、しかも舌で草を巻いて食べるため草丈が4cm以上必要で、積雪深20cmを越すとやわらかい新雪でも草が食べられないからである。牛にとっての白いゾドは積雪深20cmから始まる。雪が硬いとそれ以下の厚さでも採食ができない（篠田・森永 2005）。

吹雪で馬が死ぬ様子については、バイチンニャム氏は次のように述べている。

図10　2001年1月1日の北東アジア ── 上空500hPaの気温

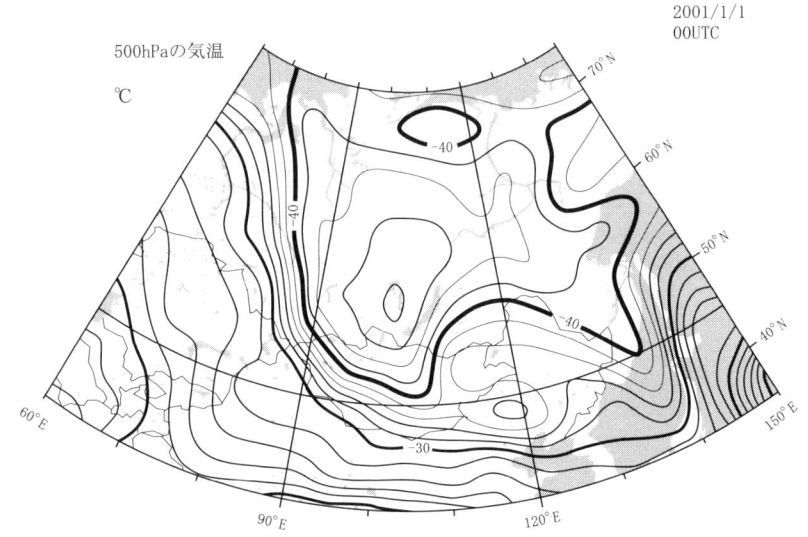

2001/1/1
00UTC

500hPaの気温
℃

出所）小池崇子氏提供。

図11　2001年1月1日のモンゴルの積雪深

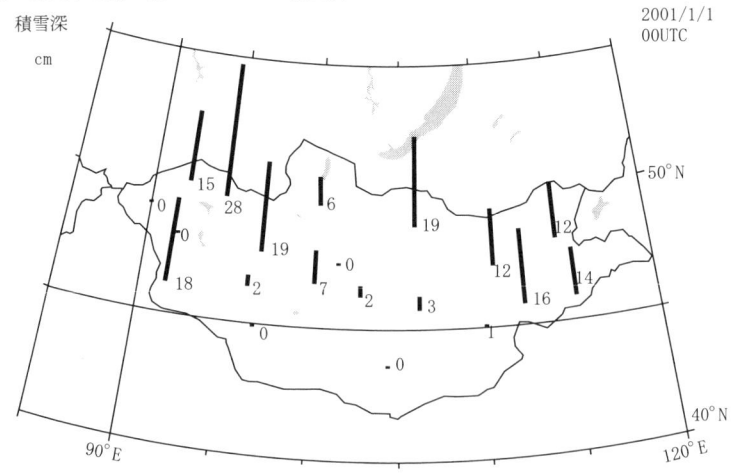

2001/1/1
00UTC

積雪深
cm

出所）小池崇子氏提供。

「馬は強風が吹くと列になって流され、飢え死にする。子馬から死んでいく」。別の牧民は「一晩で40〜50km流され、行った先に草がなくて死んだ。流されなくても死ぬし、弱ったのが春先にどんどん死んでいった。」と述べた。2000〜01は干ばつに続く冬の厳しい寒さで弱った家畜が、吹雪をきっかけに大量死するというゾドの発生過程がみえる。

　2000年大晦日から翌日にかけての吹雪時には、上空の天気図では図10のような寒気のモンゴル中央部への侵入がはっきりと見える。国土の北半分に多量の積雪がもたらされた事例であった（図11）。これだけ大規模な寒波は天気図を使えば数日前から予測できるはずなので、気象台で予報は出されていなかったのかとガルシャル・ソムの気象台の観測員に尋ねると、「天気予報は外れると言って多くの人が予報を信じなかった。大晦日にいったん降り始めると2日間動くことができず、やんでからでは家畜を救うのに手遅れだった。これに懲りて今ではだいぶ天気予報をたよりにするようになった。気圧が下がったら家畜のそばにいる方がいい。」という答えが帰ってきた。ソムの牧民たちは、TVかラジオによって1日1度の天気予報を知るという。ウランバートルの気象水文研究所には日本を含めた複数の海外プロジェクトによる援助で予報の向上がはかられている。日本のJICAプロジェクトによる干ばつ・ゾドの早期警戒システムも構築されつつある。今後は発信側が「利用される予報」をいかに出していくか、受け手の側も予報をいかに使いこなすかが重要な課題であろう。

**参考文献**

Institute of Meteorology and Hydrology (1985) *The Atlas of the Climate and Ground Water Resources in the Mongolian People's Republic*, No. 10 of GUGH, Ulaanbaatar (in Mongolian).

Tuvansuren, G. and Bayarbaator, L. (2002) In *Impact and adaptation study of climate change on livestock sector*, ed. L. Natsgadorj. Ulaanbaater : IMH (in Mongolian).

Natsgadorj, L. and Sarantuya, G. (2004) On the assessment and forecasting of winter-disaster (atmospheric caused dzud) over Mongolia. *The Sixth International Workshop Proceedings on Climate Change in Arid and Semi-Arid Regions of Asia, Ulaanbaatar, Mongolia, 25-26 August 2004*, 71-87.

篠田雅人・森永由紀（2005）「モンゴル国における気象災害の早期警戒システムの構築に向けて」『地理学評論』78巻13号、pp. 928-950。

## 第2章 ヘンティのナーダムと馬飼育
――ナーダムと馬飼育の社会的・文化的意味――

中村　知子

## 1　ナーダム

　「夏はモンゴルで一番良い時期である」とモンゴルの友人たちは口をそろえて言う。モンゴルは真冬の気温が－40℃にもなる土地であるが、6～7月には草原が緑に変わり花の咲き乱れる短い夏が来る。その頃モンゴルのあちこちで行われる祭りが、現在民族の祭典として有名な"ナーダム"である。ナーダムでは、モンゴル相撲、弓矢競技、モンゴル競馬などが催される。現在モンゴル国では7月11日から3日間、国家ナーダムと呼ばれるナーダムが行われているが、これは1921年以降に宗教色を取り除き、国家的な催しとして再形成されたものである。

　このナーダムに関しては様ざまな先行研究が残されている。ここで行われる競技、相撲に関してはボルドーが1998年に記した「ブフ（モンゴル相撲）からみるエスニシティーの一考察」および『アジア読本　モンゴル』（河出書房新社）に詳しい。また、社会主義時代のナーダムに関する報告については、野沢延行『モンゴルの馬と遊牧民』（原書房）が挙げられる。さらに、人類学的研究であるナーダムの"機能"に関する分析として取り上げるべきものとしては、尾崎（2002）「ナーダムの社会的機能について――スフバートル県の2事例より――」、井上（1998）「儀礼における「歴史の始点」――モンゴル国ナーダム祭の変容と現在――」が挙げられよう。

　井上は、ナーダムの歴史的比較に重きを置き、ナーダムの果たしてきた役割

を次のように分析している。社会主義以前のナーダムは、時代やその当時の国家の違いがあるものの、共通して、時にはオボー祭りのような宗教的意味合いにおいて、時には政治的な催しの場において、儀礼の一要素として確実に機能していた（井上 1998：228-229）。社会主義時代になると、1924年に7月11日が「革命記念の日」と定められ、その過程で、もともとナーダムに備わっていた宗教色が一掃され、伝統的遊びから近代スポーツへ移行したのである（井上 1998：229-300）。さらに社会主義体制が事実上崩壊した1992年以降のナーダムに関しては、革命記念という一つの歴史的起源の起点を失ったものと位置づけ、革命記念のかわりにチンギス・ハーンの時代を基準に置くことを試みているもの（井上 1998：231）と解釈している。井上の解釈では、チンギスハーンは現代のモンゴル社会において民族アイデンティティーの核として再び脚光を浴びているものであり、ナーダムもその意味を備えたものである一方で、ハルハ・モンゴル族ではないカザフ族などが地方で独自の民族主義的ナーダムを興している例も挙げている（井上 1998：231）。

　たしかに2006年の国家ナーダムはチンギスハーン生誕800年記念と掲げられ盛大に行われており、民族主義的要素を垣間見ることが出来る部分も多かった。しかしながら、そもそもナーダムには国家ナーダムのほかに地方行政単位で行う、または個人で行うものなど様ざまなレベルのものがある。例えばヘンティ県ダルハン・ソムにおいても、2001年に発生した災害による家畜の減少が2004年までに、例えば馬が1万頭になるなど回復してきたことを祝い、8月23日にナーダムが実施された。すなわちナーダム全体の考察には、国家ナーダム以外のナーダムにも目を向けることが必要不可欠である。

　尾崎は上記の問題点を踏まえ、国家ナーダムとは異なる、ソムや県（アイマク）、そして個人のナーダムに目をむけ、主催する側の動機と、見物・参加する側の動機という場合によっては相違する動機が相互作用する場として営まれているとしている（尾崎 2002：96-97）[1]。

　国家ナーダムも地方ナーダムも、様ざまな事柄を祝う"祭典"である点では

共通している。しかしながら両者のナーダムが果たしている役割に関し考察するときに、国家ナーダムはチンギスハーンを使った民族イデオロギー確立のため、かたや地方ナーダムは地域の社交の場としての機能のみでその役割を語りうるのだろうか。民族イデオロギーの確立にしろ、社交するにせよ、そもそも人々がナーダムに興味を示さなければその役割は機能しない。人々を惹きつける何かがあってこそ初めて人々はナーダムに注目するのであり、その根本に存在する文化的背景に目を向けることも必要であろう。さらに、国家ナーダムと地方ナーダムはその規模において大小の差はあれど、無関係に存在しているものではない。両者の関係性、すなわち両者をつなぎうる文化や文化的背景、機能などを見出すことは不可能ではないだろう。

本章では、馬の産地として名高いモンゴル国の東部に位置するヘンティ県で行われたナーダムに参加した人々からの聞き取りを例に、国家ナーダムをも巻き込む地域ナーダムの実情と、その背景に見え隠れする文化的背景に関し考察する。

## 2 馬飼育が盛んな東部地域

先述したように、ナーダムでは相撲など様ざまな競技が行われるが、ヘンティを含む東部地域ではそのなかでも特に競馬に強い関心を寄せている。元来東部地域は馬の飼育が盛んであった地域である。

地図1は、ソム別の一人当たりの馬頭数を示したものである。この地図を見ると、スフバートル県、ヘンティ県、ドルノド県の東部3県に、一人当たりの馬の頭数が4頭以上である地域が集中していることわかる。東部地域は古くから名馬を産出することで、有名な地域であった。その基本的な背景としてはまず、馬飼育に適した自然環境、すなわち平地が続いており比較的草原の質も良いことが挙げられよう。しかしその要因としては単なる自然環境のみではなく、別の要因も見出しうるのである。それは、この地に住む人々の馬に対する意識

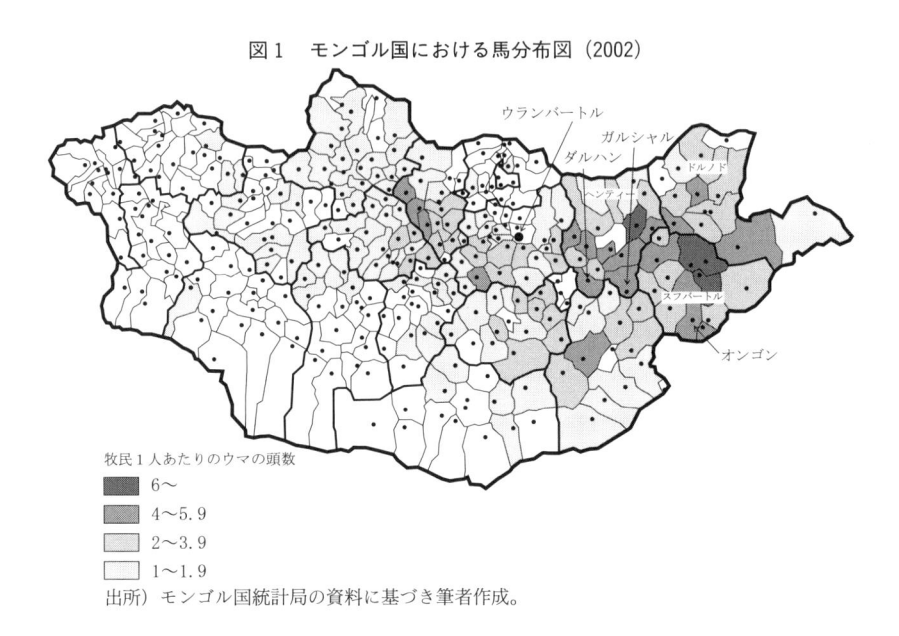

図1　モンゴル国における馬分布図（2002）

牧民1人あたりのウマの頭数
- 6〜
- 4〜5.9
- 2〜3.9
- 1〜1.9

出所）モンゴル国統計局の資料に基づき筆者作成。

の高さとも言うべき文化的側面である。一例として、現在名馬の産出地として名高いヘンティ県ガルシャル・ソムの聞き取り事例を挙げる。

　　ガルシャルは、1960年代から良い馬を集め、飼育してきた。その結果現在では訓中に知れるほどの名馬の産地となり、"ガルシャル産の馬"という言葉が一種のブランドと化している。

　このように、積極的に良種を選択するという牧民の行動も名馬の産出地としての実績を裏付けている。このような傾向は、後に例として挙げるように、名馬を求め東部三県を駆け回る牧民という個人レベルの行動にも見出せる。自然環境という立地条件の良さと、それを利用しながら品種を求め歩く人々の行動という文化的側面により、モンゴル国東部地域は馬飼育が盛んな地域として創り上げられたのである。

## 3　地域概況とナーダム参加者の範囲

　ヘンティ県は首都ウランバートルから331km東に位置する人口7万946人、面積8万300平方キロメートルの県（アイマク）である。県は16ソムと3つの市からなる。（「ヘンティ県80周年統計集」）。
　ナーダムには競技者のほか、様ざまな人々が参加する。ヘンティのナーダムにおいても県外の参加者が多数見受けられるが、彼らはウランバートルなど様ざまな地域からあつまっている。その大半は親戚を通じこの地に縁のあるものであり、すなわち地縁血縁関係により参加者の範囲が規定されているといっても過言ではない。
　また、尾崎の指摘するように、物売りとしてウランバートルからやってくる人々も多々見られる（尾崎 2002：103）。社会主義以前の話ではあるが、もともとナーダムと共に行われていた廟会では家畜の売買が実施されており[2]、年間を通していくつか存在した販売ルートの中で、最もにぎやかなものであった（中村 2001）。さらに、社会主義崩壊後数年は、中央から生活物資が届くこと自体が難しい状況であったというので、ナーダムにおける物売りの需要も比較的高かったと推測しうる。
　しかしながら近年は中国との国境において、年に数回国境貿易が開かれるようになり、中国からの物資がダイレクトに地方へ届くようになっている。そのためナーダムに以前ほど"物の売買としての場"という機能は見出せない。今回の調査を行ったヘンティのナーダムでは、物売りの大半が"景品付くじ引き"の露店を出しているケースであり、参加者も競技が途切れた時間のみ、露店へ興味を示す程度であった。

## 4　事例：ナーダムを取り巻く現状　オヤーチの聞き取りから

　オヤーチとは、モンゴル語で馬の調教をする人を指す。オヤーチはナーダム数ヶ月前から、レースで勝つために様ざまな方法で馬を強くする。野沢は、勝つためには50％が馬自身の能力、そして30％が調教で残りの20％が騎手の腕にかかっており、いい馬を選別できるようになることが重要としている（野沢1991：82）。野沢の報告は社会主義時代のモンゴルを扱ったものであるが、現在の実情はどのようなものであるのだろうか。66歳のインフォーマントは、馬の血統をめぐり、次のような話をしている。

　　おじいさんたちの頃は、群れの血の管理が非常に厳しかった。モンゴル馬は自ら血統を嗅ぎ分けるといわれている。そのためおじいさんたちは、良い馬を求めてスフバートル県やドルノド県（ヘンティ県から、直線距離にして300kmから500kmくらい離れている：筆者註）まで、何日もかけて馬を買い付けに行き、ヘンティ県まで連れて来たりしていた。良いメス一頭は70頭の仔馬と交換したという。
　　どこに馬を買いに行くかなど、様ざまな馬に関する話をおじいさんや親戚の叔父さんが話していたことがある。これらの話はゲルの扉を閉めて他の人には聞こえないように話されており、私が近くに座って話を聞くのは無理な状況であった。

　このように、40〜50年前までは、良い血統の馬を仕入れるために遠くまで赴き、またその情報は親族であるインフォーマントですら聞くことの出来ないほど厳密に守られていたことからも、良い馬を手に入れることに彼らが執着していた状況がうかがえる。しかし現在は、そのような馬選別技術も様変わりしている。68歳のオヤーチの話を見てみよう。

確かにおじいさんの世代までは、馬の選別などの知識や技能を持っていた。しかしながら現在（彼を含めたオヤーチは一般的に：筆者註）馬の選別の技術、すなわち生まれたばかりの馬を見て良い馬かどうか見極めることはほとんど出来ない。唯一自分が経験した中で、特別な馬の記憶としては、幼少の頃よく前足で土を掘る馬がおり、その馬は走るのが速かったことが挙げられるのみである。

　オヤーチ、すなわち馬の調教師というと特別な感を覚えるかもしれないが、モンゴル人の概念では馬を調教する人は全てオヤーチとなる。もちろん、牧民

**写真1　仔馬を繋ぐ少年（ヘンティ県ガルシャル・ソム）**

中村知子撮影、2004年。

が全て馬の調教にたずさわるわけではない。競馬の騎手になるという選択においても、オヤーチになるという選択においても、そこには個人の自主性が重んじられる。

　例えば、2000年にスフバートル県にて聞き取りを行った際、二人の女の子を持つ母親が、「上の子は幼いときから馬に近づかなかったのでナーダムにも出ていないし、馬にも乗らせていない。下の子は馬が大好きなのでこの前のナーダムに出場させた」と述べていたように、無理に馬飼育にたずさわるよう子供を教育することはしていない。オヤーチの育成にも同様の傾向が見出せる。聞き取りをした際に、現在オヤーチと名乗っているインフォーマントの多くは幼い頃から自らオヤーチになることを希望したというケースであった。

　オヤーチになることを希望した子供は一般的に、体が大きくなり馬の騎手が出来なくなる頃から調教の練習をはじめる。特にナーダムの前には人々は次に示すように様ざまなことに注意を払っている。

　　馬の体が重くても痩せてしまってもいけないため、食べさせる草の種類や量に気をつける。
　　ナーダム前に行う走りこみの方法が重要で、体重管理が一番難しい。
　　走り込みをして肺活量を多くする。
　　塩分が多い泉は油っぽい太り方を促すため馬に良いので飲ませる。

　このような様ざまな馬の調教方法は、親族間で伝授されるものであり、全て門外不出の事項である。各々が受け継ぐ技術で仕込まれた馬はナーダムで一堂に会し、レースを行うことになる。オヤーチは、レースでよい成績を収めた記憶を間違うことなく全て記憶しており、「1984年のナーダムでは親戚が全ての賞を取った」「この間のレースでは、うちの馬が入賞した」などと自慢げに語る。また「このあたりで有名なオヤーチは？」という質問を一般の人に尋ねても、悩むことなくいくつかの名前が挙がることからも、有名なオヤーチはオヤ

第 2 章　ヘンティのナーダムと馬飼育　51

写真 2　ナーダムの最終ゴール（ガルシャル・ソム）

長沢孝司撮影、2003 年 8 月。

ーチ仲間のみならず地域住民に知られる存在となっている。
　また、皆に知れる所となるものは、腕の良い調教師だけではない。ナーダムで勝ち、良い馬と知れ渡った馬は、様ざまな「人」に目をつけられることとなる。この事実が如実に示されている話として次のものが挙げられる。

　　うちのいい馬がウランバートルの金持ちに目をつけられ、だまされて取られてしまった。国家ナーダムで優勝したのもこの家の馬だったんだ。テレビで国家ナーダムの映像が流れていたときに、馬の模様で自分の馬だと分かった。でも、今やウランバートルの馬は筋肉増強剤や栄養剤などを与えられて強くさせられているのだ。だから国家ナーダムのレースはもはや本来の馬の強さを試すレースではなくなってしまっている。本来の馬の強さを競うレースはソムや県のナーダムでしか見られない。

　この話は、良い馬に注目する買い手側（金持ち）の興味の高さと、国家ナー

ダムに参加する馬主の、「強い馬」に対する意識の高さを表していると解釈できよう。その一方で、牧畜民の馬に対する識別眼と、薬剤などに頼らない、上述したような様ざまな方法に裏打ちされた従来の馬飼育に対する牧畜民の誇りが読み取れるのである。

## 5 "強い馬を持つ"ことの意味

このように、モンゴルの牧民にとって地方のナーダムで入賞することは、地域の人から一目置かれるきっかけとなり、また彼ら自身の栄光の記憶となる。また有力者は、地方のナーダムをきっかけに速い馬に目をつけ、手に入れて馬主となり国家ナーダムで勝とうとする。時には上述したように、だまして馬を手に入れるケースもみられる。このように人々が「強い馬を持つ」ことに関し、固執する理由を文化的背景から読み解きたい。

そもそも馬はモンゴルの人にとってどのような存在として位置づけられるのであろうか。鯉渕は『騎馬民族の心』の中で、「馬を駆って遊牧に生きるモンゴル牧畜民の馬への思いは、私たちの想像をはるかに超えた深いものがあるようだ。馬は騎馬民族としての彼らの誇りであり、心の安らぎである」と記しており、草原を騎馬でなく徒歩で行く姿は乞食とみなされると、その存在をモンゴル族の騎馬民族としてのアイデンティティーの拠り所として捉えている。また、馬は実質的価値のほかに装飾的な、社会的地位の象徴的な性質を強く持った家畜として考えられているとしている（鯉渕 1992：26）。

たしかに、前節で扱った事例のように、ウランバートルから馬を買い付ける金持ちの例は、社会的地位の象徴として捉えることも可能である。しかしながら一方で、現在のモンゴルにおける牧民の事例を見る限り、強い馬を持つ牧民は、その地域にて有名になることこそあれど馬により社会的権力を持つことは管見の限りではみられない。ナーダムの優勝者には今でこそメダルなどが寄贈されるが、昔はメダルすらなく、今のようにカラーテレビやバイクまでが授与

されるようになったのは1992年以降であるという。しかしながら、これらの商品を得ることが社会的権力と直接結びつくものではない。すなわち、少なくとも牧民の場合、「強い馬を持つことが社会的権力の象徴である」という意味合いは少ないと考えられる。しかしその一方で、地域住民に知られるオヤーチの存在や、オヤーチ自身が自らの栄光を大切にする背景には別の意味合いが含まれていると考えるのが適切だろう。

　それではこの場合、どのような意味合いが想定できるのだろうか。モンゴルのことわざにおいて、「良い馬」は人々の能力を示す象徴的意味合いをもっている[3]という（小長谷 2005：222）。国家ナーダムが薬に頼っていることを忌み嫌い、伝統的手法を守り続けているソムのナーダムを賞賛している彼らの言動をこの解釈で読み替えるならば、「従来の、知識を駆使した馬飼育が出来る能力を賞賛する」言動といえる。つまり、彼らにとって「強い馬を持つ」ことは、牧畜民としての能力の高さを象徴していると解釈できる。

　まとめるならば、現在のモンゴル国東部地域において、ナーダムにかつて見られた物の売買としての場の役割は限りなく少なくなっており、娯楽として、さらには人々が集まる場としての役割を見出すことが可能である。さらにナーダムの場において最も人々が興味を示す競馬に目を向けると、"強い馬"にこだわる人々の行為が多々見出せることが明らかになった。しかしながら先行研究で指摘されていた"強い馬＝社会的地位の象徴"との一元的な解釈よりもより複雑な、象徴の多元化がみられている。この象徴するモノに関しては、時代背景などにより今までも変化し続けてきたと推測できるがその分析に関しては今後の課題である。しかしながら、その象徴を具現化する場としてナーダムは依然としてその機能を担っているといえるのではないだろうか。

注
1）　尾崎はナーダムの"場"に関し、次の様に記している。その名目はオボー祭り、長寿記念、あるいはウスニィ＝バヤル（髪きり儀礼）であったり様々であ

るが、いずれにせよ主催者側の「名目」あってのナーダムである、という点は共通している。つまり、ナーダムのためのナーダムであってはならず、その開催には正当な「動機」が必要であり、その動機に基づいた広義の儀礼の一環としてナーダムが行われる、という論理構成になっている。

しかし、この論理付けはあくまでも「主催者側」の論理である。こうした主催者側のメッセージを、見物人や参加者は「共有すべきである」ことが求められるのであろうが、それは必ずしも見物人や参加者が実際に「共有している」ことを保証するものではない。ナーダムに集合する動機が主催者側のメッセージと異なっていると推測される事例は、オボー祭りやチベット仏教の廟会といった、いわば「伝統的」な儀礼に伴うナーダムが行われていた時期の報告書からも見出すことが出来る。(中略)

見物人や参加者にとっての意義は儀礼そのものではなく、むしろ非日常的な空間に現出する「社交」やナーダムの「見物」にあった、と理解しても不当ではなかろう。つまり、ナーダムとは、主催する側の動機と、見物・参加する側の動機という場合によっては相違する動機が相互作用する場として営まれている、といえよう (尾崎 2002：96-97)。

2) 康熙30年 (1690年)、蒙古封建主は毎年商人が大量の貿易を行いに来るよう要求し、これを康熙帝も推進した。すぐに、北京の鼎恒生、大利、聚長城、慶徳正等の八大家が多倫に商売をしにきた。(中略) 匯宗寺、善因寺が建立され、発展を遂げるにつれて、毎年廟会の期間には各地の牧民が廟会に赴くようになった。そして生活日用品と畜産品とを交換し、ここに一年間の商業活動のクライマックスを迎えるのであった (《錫林郭勒盟志》編纂委員会〔編〕1996：854)。

3) 小長谷は、ウマに関することわざを以下の様に記している。

「良い馬があれば」

友人宅を訪問すると、偶然に食事どきだったりする。いやいや、食事どきだから訪問しているのだった。そんなとき「良い馬を持ってるね」と言われる。私には馬などない。自転車しか持ってない。それでも馬が良いと言ってもらえる。日本ならさしずめ「いい鼻してるね」といったところであろう。(中略)

良い馬があれば、チャンスを逃さない。食事にだってちゃんとありつくことができる。

もはや馬など走らない街路ばかりの町なかでも、チャンスをしっかりゲット

するモンゴル人たちは、目には見えない駿馬に乗っている。人を生かすそれぞれの才能、それは生まれながらに人が持っている馬なのである（小長谷2005：222）。

**参考文献**

野沢延行（1991）『モンゴルの馬と遊牧民』原書房。

鯉渕信一（1992）『騎馬民族の心——モンゴルの草原から』日本放送出版協会。

《錫林郭勒盟志》編纂委員会編（1996）『錫林郭勒盟志（中）』呼和浩特：内蒙古人民出版社。

井上邦子（1998）「儀礼における「歴史の始点」——モンゴル国ナーダム祭の変容と現在」『椙山女学園大学研究論集』第29号（社会科学篇）pp. 227-234。

ボルドー（1998）「ブフ（モンゴル相撲）からみるエスニシティーの一考察」『体育の科学』48(3) pp. 207-212。

中村知子（2001）『交易から捉える移動民社会』学士学位論文（2000年度東京学芸大学提出）。

尾崎孝宏（2002）「ナーダムの社会的機能について——スフバートル県の２事例より」鹿児島大学法文学部紀要『人文学科論集』第55号、pp. 95-110。

小長谷有紀（2005）『世界の食文化③　モンゴル』農山漁村文化協会。

**注記**

本研究は、2004年度笹川科学研究助成「モンゴル平原部におけるウマの社会的役割に関する研究」の成果の一部である。

## コラム　馬の調教師——馬文化を育む主役たち——

長沢孝司

　かつてセツェン・ハンと呼ばれた東部地域は、草生に恵まれ、今日も名馬の産地としてつとに有名である。しかし自然的条件だけでは名馬は育たない。その自然的条件に加えて、その馬の素質をいち早く見出し、訓練して育てるすぐれた調教師（オヤーチという）がいてこそ名馬が育つのである。

　彼らはナーダムの1年以上前から家々の馬群を見たり、頼まれて素質を見たりする。そして素質があれば、自らがその馬の訓練を引き受ける。そしてナーダムで優勝すれば、その馬とともに調教師の名は人々に広く知られ、賞賛と尊敬の的となる。もちろん、優勝しても彼らは「賞金」などとは無縁である。人々はただ彼のその眼力と技術を賞賛するのだ。

　では、彼らはどのようにしてソム一番の調教師としての力量を体得したのだろうか。ここでダルハン・ソムとガルシャル・ソムでそれぞれ最も有名な調教師を訪ねてみよう。

### ダルハン・ソムのエンフバートル氏（42歳）

　彼は妻と3人の子どもを持つ5人家族の遊牧民である。羊・山羊100頭、馬20頭、牛10頭で家畜数はこのソムではむしろ少ない方である。そして言葉少ない控えめな牧民に見える。しかし筆者はゲルに入ってあっと驚いた。ナーダムの優勝旗とメダルがゲルの側壁にところ狭しと飾られているのだ。彼の調教した馬がこれまでのナーダムで優勝した（5位以内を優勝という）ことは何回もある。ナーダムの1レースに出るのは100〜200頭のつわものだから、そのなかで何度も優勝するのはやはりソム1番の調教師なのだ。

　彼の父親もこのソムで有名な調教師であった。その影響を強く受けて育った彼は、5歳の時にはもう早馬を乗りこなし、ナーダムで5位以内に3度入ったという。そして19歳時には調教師となる決意をした。「父から教わった調教の秘伝かい？そんなものはないよ。確かに父から馬の性質の見分け方から始まってずいぶん教えられたが、父はそれ

を誰にも教えていたからね。あとはいろんな馬に乗ってみて体で覚えていくんだ。ほら、これは父親がとても大事にしていた本だよ。これは調教の指南書で、我が家の宝だよ。でも秘密じゃない。見たい人には誰でも貸しているよ。」

　目をつけた馬には1年あまり前から訓練を始める。出場する子どもを乗せ、レースの25kmより短い18kmを何回も走らせる。そしてこの馬はどういう足の運び方をさせればよいか、どこでダッシュするのがいいかなどを馬と子どもに体で覚えさせる。

　もちろん自分の家の馬をレースに出すこともある。優勝（5位以内）した馬だと20万トゥグルク位で売れる。ソムでのレースだと100万トゥグルクにもなるという。「でもふつうは売らないよ。だってその馬は家の宝だからね。」

　　ガルシャル・ソムのラグヴァスレン氏（63歳）
　彼はソム・センターにある木造住宅に住んでいる。家族は妻と息子夫婦、その子供2人の6人である。ソム・センターで「あの人はすごいよ。このソムだけでなく、県でも有名な調教師だ」と紹介されて訪問した。リビングに通されて部屋に飾られたメダルや優勝旗を見渡していると、彼が「サン・バイ・ノー」と言って入ってきた。貫禄と威風に満ちている。羊・山羊は200頭だからこの地方の平均的規模だが、馬はさすがに60頭もいる。「モンゴル人は馬と生きてきたんだからね」と自信をもって言うのである。

**エンフバートル氏（ダルハン・ソムにて）**

長沢孝司撮影

　彼もヘンティ県生まれで、幼少時は県都ウンドゥルハーンで育った。そして学卒後はこの県のいろんなソムで働いた後、このソムに1979年、38歳時に来た。彼はこのソムで最初からネグデル（集団農場）長であり、直接の担当は馬群の管理であった。馬を知り尽くした腕を買われてのことであった。

彼もまた、6歳時にはもう早馬に乗っていた。調教師であった父からは多くのことを学んだが、特に学んだことは「馬を愛することだった」という。そして19歳の時には一人前の調教師となっており、この年のナーダムでは、6種類の馬のレースのうち、3種類のレースで優勝した。そして兵役の後、23歳から本格的に調教師の道を歩んできたのであった。ソムのレースでの優勝は10数回、県での優勝2回、東部3県でも5位以内に何回か入っている。まさにこの地方での名士である。それだけに調教を頼まれることが多い。

　彼は頼まれると馬を見て、育つと見れば断ることはない。現在、調教しているのは10数頭にもなる。彼は言う。「馬が2歳になればレース馬になれるかどうか分かるね。いろんな点から判断するが、まず重要なのは4つの足だね。そして腰と腹の状態。さらに鼻と目だね。鼻が大きくないと呼吸が弱いし、目を見れば心臓がわかる。まばたきの早い馬は心臓が悪いね。」これをパスした馬はたいてい丸1年の訓練をする。この間、太りすぎないように、また疲れすぎないように注意しなければならない。子ども自身の訓練も重要だ。スタート時にあせらない、走行中に他の馬の状態を見るコツも教える。

　「調教の仕方をわしは秘密にしたことないよ。頼まれれば何でも教えているね」と言う。そして彼も、調教したお礼をもらったことはないと断言する。しかし、優勝馬を売るとすれば、ふつうは20～30万トゥグルク、県での優勝馬だと2,000～3,000万トゥグルクにもなるという。これは新車1台買える額である。「しかしわしは絶対売らないけどね。」と彼は笑った。

# 第3章 世代の継承と馬文化

長沢　孝司

　一般に、その社会が持続的に発展を遂げていくためには、その経済・社会を担う新しい世代とその家族の再生産が不可欠の前提となる。換言すれば、若い世代が先代までの蓄積された知識と技能、社会の仕組みとその文化を伝承し発展させていくことが必要不可欠である[1]。

　この世代間継承は、その社会の基礎となる生業（労働と生活）のあり方によって異なったカタチをとることになるが、モンゴル遊牧民の場合は、親が上の子から家畜を分与して独立させ、末子の男子が親の家畜を継承するのが普通である。モンゴルではこれを「かまどの火を継ぐ」という。この「かまどの火を継ぐ」ためには、遊牧民の子どもは親から長期の訓練を受けそれを体得しなければならない。遊牧という生業は、一般的なイメージとは異なって、体得しなければならない知識と技能は農耕民族の場合に比べてはるかに多いのである。特に、馬を自在に操る能力はすでに幼少時に身に付けていなければならない能力である。

　しかし、家畜と生きる能力だけでは十分ではない。社会と時代の変化に適応して生きる力を身に付けていかなければならない。モンゴルは、1991年から社会主義体制に終止符をうって市場経済への移行を開始した。それから10数年が経過し、いま若い20歳代の青年が遊牧社会の第一線の荷い手として登場しつつある。

　本章では、市場経済化の第一世代ともいうべきこの青年世代を対象とし、彼らがいま、どのように発達して世代を継承しつつあるか、その過程をヘンティ県における面接調査に即して明らかにすることにしたい[2]。

なお、ここに登場する9名の青年遊牧民はガルシャル・ソムとダルハン・ソムにおいて2003年8月に面接調査した青年であり、9人中7人は親世代からすでに独立し結婚している青年である。

## 1 遊牧社会における発達の概要

そこで最初に、遊牧民青年の発達過程の概観を得ておくことから始めよう。「市場経済化の第一世代」が具体的にどのような経過を経て世代継承したかは次節以降に紹介することにし、ここではまず、筆者が既存の諸文献と事前のヒアリング調査をもとに描いた一般的な発達過程を模式図に示しておこう[3]。図1がそれである。以下にこれを説明しておきたい。

### (1) 家畜技術の習得

モンゴル遊牧民は季節の節目に家畜をひきつれて住居(ゲル)ごと営地移動する。移動の距離は地理的条件や気象条件などによって異なってくるが、短くて約3キロ、長くて30キロであり、通常はソム(日本の郡に相当する)という行政単位の内部で移動している。彼らが営地移動する理由は、移動して生きるという有蹄類の本性に人間の側が合わせているからである[4]。営地移動して生きるというこうした生活様式は4,000年以上の歴史をもつといわれ、それが独特の民族的な基本的気質を形成してきた。それは、基本財産である家畜をこよなく愛する一方で、モノに溢れた生活をきらい、徹底して簡素な生活を好むという気質である[5]。

彼ら遊牧民はきわめて高度な家畜飼養の技術をもっている。彼らが飼養している5畜はそれらが本来有している自然的本性があり、遊牧民はそれらの本性をたくみに利用し介入することによってはじめて家畜化してきたのであった。それだけではない。家畜は生き物であるから、変化する自然的条件のもとで瞬時に判断して対応しなければならないことも多い。したがって遊牧という仕事

第3章 世代の継承と馬文化　61

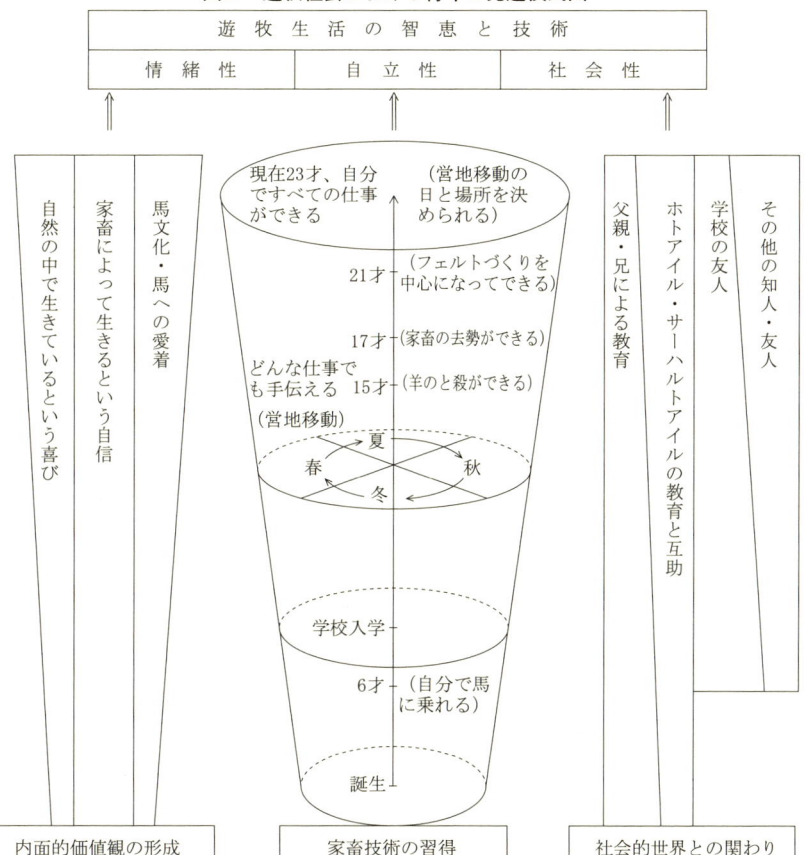

## 図1　遊牧社会における青年の発達模式図

|遊牧生活の智恵と技術|||
|---|---|---|
|情緒性|自立性|社会性|

**内面的価値観の形成**
- 自然の中で生きているという喜び
- 家畜によって生きるという自信
- 馬文化・馬への愛着

**家畜技術の習得**
- 現在23才、自分ですべての仕事ができる（営地移動の日と場所を決められる）
- 21才（フェルトづくりを中心になってできる）
- 17才（家畜の去勢ができる）
- 15才（羊のと殺ができる）
- どんな仕事でも手伝える（営地移動）
- 春・夏・秋・冬
- 学校入学
- 6才（自分で馬に乗れる）
- 誕生

**社会的世界との関わり**
- 父親・兄による教育
- ホトアイル・サーハルトアイルの教育と互助
- 学校の友人
- その他の知人・友人

　は、ことばのイメージとは逆に四季を通して多忙であるだけでなく、長年にわたって蓄積された知識と技術を駆使しなければならない営為なのである。これを習得してはじめて、子どもたちは一人前の遊牧民として自立することができる。したがって、この家畜技術の習得こそが発達の要になるのである。

　子どもたちの遊牧民としての技術的な出発点は、騎馬の操作を自分でできるようになることである。これを男子も女子もできるように周囲の人々が訓練し、

就学前の 6 歳になればもう乗りこなすようになる。その後、彼らは主として親から、遊牧民として自立するために実に多様な知識と技術を習得していかなければならない。そして最後の、一人前として自立できるためのハードルが、営地移動の日と場所を選定できることである。これができるようになるのはふつう20歳過ぎである。これが出来て初めて遊牧民としての基本的な技術習得は終了する。それはとりもなおさず親世帯から分離独立できる時でもある。そしてまた、独立するということは、家畜の搾乳や仔家畜の世話を担当するパートナーとしての妻を得る時でもある。牧民青年にとってこの自立＝結婚の時は人生最大の喜びの時であり、その自立をめざして青年たちは幼少時から厳しい自然のなかで自ら生きていく力量を体得していくのである。

（2）社会的世界との関わり

けれども、このような技術的発達は、青年が自らの力で獲得できるわけではない。彼らは上記した力量を多様な人間関係を通して獲得していく。

その人間関係の第一は、言うまでもなく父親である。牧民青年にとって父親は、厳しい大草原のなかで、その自然を何一つこわすことなく巧みに利用して悠久の時を生きてきた遊牧民の知識と技術の体現者にほかならない。その巧みな技術をこなす父親に青年たちは驚嘆し限りなく憧れるのである。遊牧民としての父親は強い自立心をもち、また簡素・簡潔を美徳とする民族であるから、わが子を口うるさく躾るということはしない。子どもが自ら成長する意欲を尊重し、子どもが聞いた時にはじめて簡潔に教えるのが、遊牧民の子育ての流儀なのである。

牧民青年にとって、教育され尊敬すべき年長者は父親だけではない。彼らの発達は、ホト・アイルやサーハルト・アイルという近隣集団の年長者、さらには遊牧社会全体にひろがる同胞同士の強固な互助によって支えられている。遊牧民が強い自立精神を特質としていることは先述したが、それは遊牧民が独立独歩で生活しているという意味ではない。全く逆に、遊牧社会の徹底した互助

精神は農耕民族の経験則でははかれないほどに旺盛である。ホト・アイルとは2～4家族からなる宿営地の共同集団である。ホト・アイルを組む相手は親族同士の場合もあれば知人同士の場合もあり、また四季の営地ごとに相手が異なる場合も多い。いずれにせよ彼らがホト・アイルを組む理由は、習性も性別も異なる5蓄の群れをそれぞれに分担しあって放牧するためであり、またフェルト作りのように多勢の共同作業を可能にするためである。また、同じ原理で3～5キロ離れたホト・アイル同士で組まれた互助集団がサーハルト・アイルである。遊牧民家族はその本質からしてこうした互助集団なしには存立しえない。その互助は直接的には協業のためのものであるが、日常生活の隅々にまで及んでいる。子育ての共同はその一環である。彼らには狭い「わが家」意識は無縁なのである。訪れた他者をだれであれ丁重にもてなす開放的な遊牧民の慣習はここから育まれたといえるだろう[6]。青年たちは、こうした生業の必要性に基づく強い互助社会のなかで、その発達を遂げていくのである。

### (3) 内面的価値観の形成

人間の発達が社会的諸関係を通して保障されるとすれば、その社会的諸関係の中に人間の内面的な発達意欲を形成する明確な文化が存在していなければならない。こうした文化の存在が、青年の情緒的発達の基礎をなす。

モンゴル遊牧民において、かような文化の存在はきわめて明確である。その第一は、大自然の循環につつまれ、そのなかで家畜と共に生きているという自信である。モンゴルの遊牧民は紺碧の天と緑の大地に限りない畏敬の念をもつ。彼らは酒の杯に指先を漬けて天と地に捧げてから口にする。これを今も厳格に守っている。家畜の恵みをもたらす草原をいとおしみ、土を掘って草原を傷つけることをきらう。モンゴル人のバーバルは「モンゴル人は爽やかな風やきれいな空気が骨の髄から好きなのです」[7]と紹介しているが、筆者もこれまでの牧民調査において彼らが「うまい空気すっておいしい乳を飲んで、こんないい生活はない」と自信深く語る場面に何度も出会った。そういう文化の存在が、

質実剛健で気品の高いパーソナリティの源泉といえる。

　そして第二は、本書が主題としている馬という文化の存在である。モンゴル人が騎馬民族として悠久の歴史を生きてきたことは改めて言うまでもない。実際、遊牧民にとって馬は5畜のなかでも別格といえる高い位置を占め、彼らの体と一体化した存在といって過言でない。楊海英氏もいうように「モンゴル人の人生はウマの背中で展開される」[8]。それだけに、青年の発達過程において「馬」という文化は非常に大きな位置を占めている。後述するように、馬への愛着の延長線上に、遊牧民という人生選択があるとも言えよう。

　以上が、遊牧民として一人前になる過程の概要である。では、「市場経済化の第一世代」は、上記の一般的な過程を実際にはどのようにへてきただろうか。その過程を以下、9事例の面接調査に即して見ていくことにしょう。

## 2　市場経済化世代の特性と概要

### （1）牧民青年の特性

　モンゴル遊牧民の調査を行う場合、彼らが今どこに宿営地を構えているかを知るためには、まずソムセンター（半径50キロメートルほどの中心にある郡の役場）に到着し、該当者を紹介してもらい、案内人に車に乗ってもらってたどりつく以外に方法はない。事前のアポイントメントはもちろん取れない。だから遊牧民の調査はいつも「飛び込み」となる。しかし牧民は突然の客人を「今は忙しいから」などと断ることは絶対にしない。まず馬乳酒で丁重にもてなし、次いで我が家のチーズやドーナツを皿一杯にしてさしだす。こうした伝統的な礼儀作法は青年夫婦にもしっかり受け継がれている。ただし、牧民は簡潔であることを好むから、けっして多弁ではない。聞いたことに端的に一言で答えてしまう。この意味では、牧民の面接調査はやりづらい。これは牧民青年も同じである。たたみ掛けたり角度を変えたりして聞かないと豊かな回答は得られな

い。調査においては、牧民のこうした特性を踏まえておくことが重要になる。

　今日の牧民青年を理解するためには、もう一つの次の事情を踏まえておくことが必要である。それは、この世代が幼少時を過ごした学校教育がどういう問題構造のもとにあったかという点である。この点を押さえておくことは「市場経済化の第一世代」を理解する上で重要な点である。

　モンゴルでは社会主義体制（1921年以後）が発足して間もなく基本教育（義務教育）を開始して拡充し、いわゆる後進諸国において例外的ともいえる高い識字率を確保してきた。モンゴルの基本教育の年限は1963年以来8年制である（小学校4年＋中学校4年）。この基本教育の学校はすべてのソム・センターに設置されている。この基本教育を終了後は一般に県センターにある10年制学校（高等学校）または職業学校に進学する（2002年から9年制までが基本教育に組み込まれた）。

　だが、社会主義が達成した高い教育水準は、市場経済に突入して間もなく大きな困難に直面することとなった。表1に見られるように、市場経済に移行を開始して間もない1991年から基本教育の入学者比率が急減し、また入学者も少なからず中途退学するという事態に陥ったのである。表1は全国統計であり、遊牧民世帯のみの統計はないが、遊牧民世帯ではこうした傾向はより顕著であった。こうした傾向をはっきり脱却できたのは1996年ころからである。

　では、1990年代前半におけるこうした危機的ともいえる事態はなぜ生じたのか。それは何よりも、市場経済化に伴ってクーポン券でネグデルから私有家畜を買い取った遊牧民が、急激に人手を必要とし、それを子どもに求めたからである。加えて、ソムセンターの学校寄宿舎の入寮定員が少なく、遊牧民の子どもが馬で通学するには家族ぐるみの負担を強いられたからである。しかし、問題は教育政策の側にもあった。それは教育費負担の増大、通信教育の廃止、旧いタテ文字教育の復活などの失政であった。

　われわれの調査対象とする20歳台の青年層は、こうした90年代前半における家庭事情と教育政策の混乱・後退のなかで基本教育の時代を過ごしたのであっ

表1　基本教育の入学者比率と定員充足率の推移（全国）

|  | 1990年 | 1992年 | 1994年 | 1996年 | 1998年 | 2000年 |
|---|---|---|---|---|---|---|
| 基本教育入学者比率 | 98.7 | 80.1 | 82.8 | 82.4 | 87.5 | 92.6 |
| 基本教育定員充足率 | 108.0 | 74.9 | 100.2 | 102.6 | 112.5 | 109.3 |
| 学校退学者比率 | ― | 8.1 | 6.2 | 3.5 | 3.4 | 2.8 |

出所）Fundation of Education Sector in Mongolia and its Development in 80 years. Ulaanbaatar. 2001. pp. 57～59 より作成。

た。したがってこの世代は、少なくない子どもが基本教育を終了しないまま遊牧民としての人生を開始した世代である。「市場経済化の第一世代」はこうした教育上の混乱を経過してきた世代である[9]。

それは次に紹介するわれわれの調査対象者にも色濃く投影されている。

(2) 調査対象青年の概要

われわれが今回の調査地点において実施した対象者は、ダルハン・ソムで4名、ガルシャル・ソムで5名、計9名である。ここで、上記の特性を踏まえながら、A君からI君の概要を紹介しておこう（表2参照）。

【A君】は1975年生まれ。8年制学校を卒業する時に市場経済化を迎えた。その後はソム・センターで働き、23歳で結婚し、現在3歳と1歳の子どもがいる。父もソム・センター職員、姉はウランバートルで学校の先生をしている。26歳で牧民になる決心をし、牧民としてのスタートは遅かった。その時妻の親から100頭をもらった。妻の親は300頭をもち、その義父とホト・アイルを組んでおり、馬は義父の馬にのっている。

【B君】は5人きょうだいの長男として生まれた。8年制学校の卒業をまたず6年生を終えて牧民の家の手伝いに入ったが、間もなく父は亡くなり、家を継いだ。それ以来、母（48歳）の兄とホト・アイルを組んでいる。母の兄は叔父になるが、彼は「お父さん」と呼んでおり、最も頼れる大先輩である。

【C君】は5年生で学校を中退し、13歳で牧民としてのスタートをきった。彼は1人っ子という事情もあって早くに家の仕事に入ったのであった。その後

表2 　調査対象者の基本属性

| 調査地 | 対象者 | 年齢 | 既・未婚 | 最終学歴 | 所有家畜頭数 | | | | |
|---|---|---|---|---|---|---|---|---|---|
| | | | | | 羊 | 山羊 | 馬 | 牛 | らくだ |
| ダルハン | A | 27 | 既婚 | 8年卒 | 50 | 50 | - | - | - |
| | B | 26 | 未婚 | 6年卒 | 200 | 100 | 40 | 30 | - |
| | C | 23 | 既婚 | 5年卒 | 65 | 12 | 14 | 4 | - |
| | D | 23 | 既婚 | 8年卒 | 90 | 100 | 30 | 10 | - |
| ガルシャル | E | 29 | 既婚 | 8年卒 | 25 | 23 | 26 | 6 | 6 |
| | F | 22 | 未婚 | 5年卒 | 899 | 455 | 315 | 83 | 17 |
| | G | 23 | 既婚 | 5年卒 | 124 | 50 | 12 | 10 | - |
| | H | 21 | 既婚 | 8年卒 | 67 | 57 | 8 | 6 | 2 |
| | I | 27 | 既婚 | 8年卒 | 10 | 30 | 20 | 8 | 2 |

20歳で結婚して親から独立し、現在は3歳の子どもがいる。その時父親から譲りうけた家畜を増やしていたが2001年のゾド（雪害）で損失し、譲り受けた時の頭数となった。現在父親とホト・アイルを組んでいる。

【D君】は8年生学校を卒業して遊牧民になった。彼は5人きょうだいの長男である。2年前の21歳時に結婚・独立し、今は1歳の子がいる。独立する時に親から譲り受けたのは180頭であったが、2年間で50頭近く増やした。これはゾドに比較的強い山羊を意識的に増やしたからである。現在ホト・アイルを組んでいる相手は同年代の友人とそのおじさんである。

【E君】は8年制学校を卒業して遊牧民になった。その時は社会主義のネグデル（集団農場）の時代であったが、その直後の1991年にネグデルは解散した。二人兄弟の上であった彼は、25歳の時に父親から家畜を譲り受けて結婚・独立した。その後3人の子どもが生まれている。独立する時父親から200頭の家畜をもらったが、2001年のゾドでかなりの家畜を失った。現在ホト・アイルを組んでいるのは妻の父であり、夏だけそこに友人も加わっている。

【F君】8年制学校を5年で中退して13歳で遊牧民になった。彼の父は1,700頭もの家畜をもち、このソムで2番目の家畜持ちである。家にはロシア製のバイクと車、ソーラー発電もある。かれは妹と両親のゲルに住み、隣のゲルには未婚の兄と祖母、もう一つのゲルには長兄とその妻が住み、この3戸がホト・

写真　調査対象者E君

ガルシャル、ソム、2003年8月、長沢孝司撮影。

アイルを組んで一家でこの家畜の面倒をみており、人を一時雇っていたが今は雇っていない。父は民営化のときクーポンで300頭の家畜を買い5年後には1,000頭にした。その間家畜は一切売らずに、良い草地をもとめてゴビ地方にまで行って増やしていったという。

【G君】も学校を5年で中退、13歳で遊牧民になった。父は県センターに住んでいて牧民ではないが、彼は5人兄弟の末っ子であり、兄たちの遊牧の仕事を手伝って育ち、昨年結婚し独立したばかりである。子どもはまだいない。独立する時には25歳年上の長兄から家畜200頭を譲り受けた。ホト・アイルは幼なじみの親友とくんでいる。

【H君】は8年学校を卒業して牧民としてのスタートきった。彼は4人きょうだいの末っ子だが、上3人はすべて姉であるという事情もあり、牧民である親の反対を押し切って牧民の道を選んだ。3年前に18歳で結婚し今はふたりの子どもがいる。結婚・独立するときには父から家畜25頭、妻の親から25頭をもらい50頭からのスタートだったが、わずか3年で140頭にまで増やした努力家である。ホト・アイルは母の弟、妻の兄と組んでいる。

【I君】はきょうだい4人の長男として生まれた。下3人はすべて妹である。8年制学校を卒業して歳をとった父母を手伝って遊牧民としてスタートした。18歳の時結婚し、今は5人の子どもの父親である。結婚・独立するときには親から家畜200頭を分与されて順調に増やしていたが、2000年のゾドで大被害を受けて今の数にまで減ってしまった。そこで、父の勧めで父の親友とホト・アイルを組んで再修業中である。このおじさんは1,000頭の家畜をもち、家畜技術の大ベテランである。

以上の概要から、この世代のいくつかの事実があきらかになる。それを列挙すれば①親から分離独立して間もない若い世代であるから、未婚者のB君、F君を除いて家畜頭数が少ないこと。②前記したように、市場経済の第一世代に特徴的な基本教育（8年制学校）の退学者が多く、9人中4人を占めていること。③結婚年齢は総じて早いこと。既婚者7名の結婚時平均年齢は21.0歳である。これは後述するように家畜技術を基本的に習得し終える年齢段階に対応するものであり、それが親から分離独立＝結婚する時でもあるという遊牧民の慣行によるものである。④ホト・アイルを親族と組む傾向が強いこと。これは、この年齢段階で独立したといってもなお家畜技術を年長者から伝授されなければならないという事実に起因するものである。また、市場経済化にともなってホト・アイルの相手が親族である傾向が強くなっていることも関係していると考えられる[12]。

## 3　遊牧民への旅立ち

以上の概要を念頭に置いたうえで、以下、彼らが遊牧民として今日に至った発達過程を追って行くことにしたい。そこで本節ではまず、彼らが幼少時からいかなる経過を経て、いかなる動機のもとに遊牧民としての人生選択をするに至ったかを明らかにしよう。

### （1）同級生たちの進路

まず、調査対象者の同時代の青年たちは、全体としてどのような進路選択をしただろうか。その全体像を捉えることによって、上記の属性において示した彼らの位置もより明らかとなろう。

表3は、調査対象者の同期生が、8年制の基本教育（義務教育）を終了または中退したあと、どのような進路を選択したかを示したものである。前記のように、調査対象者9名のうち4名は基本教育の中途退学者であるにもかかわら

ず同級生の進路を全員が鮮明に把握していたことが印象的であったが（注―同級会）、その結果によれば、同級生クラスの男子生徒数の合計117人のうち、基本教育を終了または中退して遊牧民になった子は59人（50.4％）、ソムセンターの職員や店員になった子は8人（6.8％）であり（職員、店員から遊牧民に転進する場合もある）、合計すれば半数以上が村に残ったことになる。さらにこの数値に、県都ウンドルハーンにある10年制学校（高校）を終了したあと牧民として村に戻ってきた子10人を加えると、同時代の青年の65.8％が遊牧民になったことになる。すなわち市場経済化の第一世代は、半数以上の青年が遊牧民としての進路を選択したということである。

表3　調査対象者の男子同級生の進路

| | 同級生中の男子生徒数 | 進路別内訳 | | | 進学者中、遊牧民として戻ってきた青年 |
|---|---|---|---|---|---|
| | | 遊牧民 | ソムセンター | 町へ進学または就職 | |
| A | 15 | 10 | 0 | 5 | 0 |
| B | 18 | 10 | 0 | 8 | 2 |
| C | 7 | 1 | 0 | 6 | 0 |
| D | 11 | 5 | 2 | 4 | 3 |
| E | 8 | 3 | 0 | 5 | 5 |
| F | 11 | 5 | 1 | 5 | 0 |
| G | 9 | 9 | 0 | 0 | 0 |
| H | 21 | 8 | 3 | 10 | 0 |
| I | 17 | 8 | 2 | 7 | 0 |
| 計 | 117 | 59 | 8 | 50 | 10 |

　市場経済下におけるこうした遊牧民の急増は公式統計によっても裏付けられている。表4は遊牧民人口とその世帯数の推移を示したものであるが、これによれば1991年から社会主義時代の集団農場（ネグデル）が解体されて家畜が個人所有に移行していった過程において遊牧民数が急増し、この傾向は2000年までの10年間続いている。
この急増した牧民がどこから流入したかの内訳は定かではないが、基本的には、

元ソムセンター職員からの流入以外には、調査対象者と同世代の学卒者・中退者の青年世代からの流入によることは明らかである。このように1990年代の市場経済化の第一世代においては、その進路選択の主流は遊牧民という選択だったのである。

（2）憧れとしての牧民生活

では、そのような彼らが、いつ頃から、どのような動機（希望）を抱いて将来遊牧民になりたいという夢を抱くようになったのだろうか。彼らの回答を聞いてみよう。

【A君】「家畜の世話は学校時代から好きだったね。特にナーダム（村の祭典）に出る馬の訓練が好きだった。それで基本学校を卒業してすぐ牧民になりたいと思い始めた。高校にいく許可証はもらっていたんだけどね。」

【B君】「牧民になりたいと思うようになったのは8歳、2年生の時だった。馬に乗る仕事が一番したかった。特に馬を捕らえるのが格好いいと憧れていた。」

【C君】「僕は学校より家畜の手伝いの方が好きだった。馬に乗るのが大好きだった。それで1992年の5年生の時にネグデルがなくなって家畜が戻ってくることになって、ますます牧民になりたいと思うようになった。」

【D君】「僕は学校より家畜の世話が好きだった。学校に行く前からすごく牧民になりたいと思っていた。6歳の頃だね。とにかく馬に乗って走るのが楽しかった。」

【E君】「牧民になりたいと思うようになったのは14歳、4年生のときだった。羊の放牧は楽しかったし、家畜からとれるいろんなものを作って、それで生活できることがいいと思った。」

【F君】「小さいころから家事の手伝いが好きだった。特に馬の世話が好きだった。子どもの時からずっと牧場にいたからね。家畜が生まれるのを見ていてそれが増えていくのが楽しかった。」

【G君】「僕は学校も家畜の世話も好きだった。小さい時からずっと兄の仕事を手伝っていて、馬に乗るのが好きだった。13歳くらいの時に、家畜を愛して生活するっていいなあと思うようになった。家畜を食べたり、それを売ったりして家畜の恵みで生活する、そういうスタイルだね。」

【H君】「僕はどちらかというと学校の方が好きだった。けど、14歳の時にナーダムの競馬を見て、それで遊牧の仕事が好きになったんだ。馬に乗ることがとにかく好きになった。それでここに残ることが幸せだと思うようになった。」

【I君】「子どもの時からずっと牧民になりたいと思っていた。生まれてからずっと牧場で育ったからね。学校より家の仕事が好きだった。牧場で馬に乗って走るのが楽しかった。ナーダムにはいつも選手として参加していた。」

以上の回答から次の二点があきらかである。すなわち第一に、彼らは総じて早くから遊牧生活に憧れを抱いていたということである。当然に個人差はあるが、それはD君やF君のように学校に入学する前の5～6歳から牧民になる夢をすでに描いている場合が多く、その夢は、E君やG君のように13～14歳（6～7年生）になるとかなりはっきりした姿をとるようになるのである。

そして第二に、そのような憧れを抱く動機には、「馬」という存在がきわめて大きな比重を占めていることである。筆者はこのような回答をある程度は予測していたものの、それをはるかに超えるものであった。彼らの発達過程、また遊牧民としての人生選択は、「馬」という存在ぬきには考えられないといって過言ではないのである。この点はモンゴル青年の発達を理解するうえで重要なポイントであり、後に改めてとりあげる。

（3）自己選択としての牧民人生

では、このような牧民生活への憧れを出発点とし、何歳の時点で、どのような動機から牧民としての人生選択を決断したのだろうか。すでに属性の項において見たように、彼らは5～8年生卒で遊牧民になっており、論理的にはそれ以前に決断をしていたことになる。その時点は概ねわが国の中学生に該当し、

表4　遊牧民の人口と世帯数の推移（全国、ヘンティ県）

|  |  | 1989年 | 1990年 | 1995年 | 1996年 | 1998年 | 2000年 | 2001年 | 2002年 |
|---|---|---|---|---|---|---|---|---|---|
| 全国 | 人口 | 135,420 | 147,508 | 390,539 | 395,355 | 414,433 | 421,392 | 407,030 | 389,765 |
|  | 世帯数 | 68,963 | 74,710 | 169,308 | 170,084 | 187,147 | 191,526 | 185,546 | 175,911 |
| ヘンティ県 | 人口 | 6,381 | 6,562 | 17,627 | 16,371 | 16,786 | 16,811 | 16,509 | 15,679 |
|  | 世帯数 | 3,117 | 3,324 | 7,552 | 7,269 | 7,794 | 7,722 | 8,016 | 7,378 |

出所）Mongolian Statistical Yearbook, 1998, および同書 2002, Uaanbaatar より作成。

　早すぎる決断と言えなくもない。けれども、彼らは単に馬という文化の情緒性の延長線上にその選択をしたわけではない。それはいくつかの状況を考慮し、それを踏まえての選択であった。

　その選択を、親の意見を基軸にとって整理すれば、理論的には次の4つのパターンを想定し得る。すなわち①親の指示・命令によるパターン（指示命令型）、②親は口出しせず、本人が家庭事情を配慮するパターン（家庭配慮型）、③親は口出しせず、本人の自由意志によるパターン（自由意志型）、④親の反対を押し切ってなるパターン（反対押切型）である。この4パターンのうち、①指示命令型は9事例中1例も存在しない（2002年予備調査の5事例中にもない）。その基本的な理由は、70年間におよぶ社会主義体制の本人意思の尊重という思想によるものと言えよう（これは配偶者選択においても同じである）。そのことを確認した上で②③④のパターンを1例ずつ見てみよう。

②〈家庭配慮型の2ケース〉

　【D君】「僕は16歳の時に遊牧民になることを決めた。進学すると両親の手伝いができなくなるからね。僕は5人きょうだいの長男で、下は妹ばかりだから早く手伝う必要があった。それに進学して都会で生活するより悪い生活ではないし、きちんと家畜をふやしていけば生活はよくなるしね。それで、親には相談するというより『僕は牧民になるよ』といっただけ。親も『じゃあいいよ』と言った。」

③〈自由意志型の4ケース〉

　【A君】「僕は8年制学校を卒業してから牧民になりたいと思い始め、はっき

り自分でそう決めたのは18歳の時だった。それまでは進学することになっていたんだが、やはり家畜の仕事から離れたくなかった。それで卒業後は、姉がソムセンターにいたので姉をたよってセンターに移ったが、仕事らしい仕事はしていなかった。それで父に『僕はやっぱり牧民になりたい。牧場にいたいんだ』と相談したら『だったら自分で自由にしなさい』といってくれた。都会より牧民の方がいい生活できると思ったしね。」

④〈反対押切型の3ケース〉

【Ｉ君】「僕は16歳の卒業が近づいた時はっきり牧民になる決心をした。僕は成績が良かったし、それにこの村（ソム）で一番歌がうまくて、県センターにあるバンドから来ないかと声をかけられていたし、将来は芸能大学に進学することも考えた。牧民になることには父も強く反対した。父は『自分で決めることだが、大学まで行った方がいい』と何度か言った。でもやっぱり馬が好きだし、上のきょうだい3人とも女で、家畜継がなきゃもったいないしね。ここに残ることが一番幸せだと判断した。この妻と早く結婚もしたかったしね。まあ、あとで歌手になっていたらと後悔した時もあったけどね。」

以上の発言から明らかなように、親は本人の進路選択に殆ど口出しはせず、本人の意思が全体として尊重されているのである。しかも注目すべきことは、その本人意思による選択が、学業成績や家庭事情等による消極的選択ではなく、積極的選択として牧民人生が選択されたケースが多いということである。市場経済化の第一世代は、全体としてはこのように積極的な人生選択の結果として遊牧民になった世代なのである。

**調査対象者Ｃ君**

ダルハン・ソムにて。長沢孝司撮影。

## 4　家畜技術の習得過程

すでに第1節でみたように、遊牧民が一人前として独立するまでには、比較的長期にわたる家畜技術の習得が必要となる。これらの技術は主として父親から、またホト・アイルを組んでいる年長者から子どもたちに引き継がれる。調査対象者の父親世代は集団農場（ネグデル）の世代であったが、市場化の世代においても家畜技術の原理は同じである。以下にその要点に絞ってその習得過程をみておこう。

### （1）技術習得の年齢段階

まず表5を参照いただきたい。これは主要な家畜技術を自分で（または自分が中心となって）できるようになった年齢についての回答である。当然のことながら、これには個人差がある。例えば、すでに「6歳の時から牧民になることに憧れていた」というD君はその後早く習得していったのに対し、「18歳の時に牧民になることを決めた」というA君はかなり遅い。しかし「平均年齢」としては20歳を越えたころに一人前になるとみてよいだろう。そこで、各技術の基本的内容を要約しながらその年齢段階をみておこう。この技術内容については、いつもわれわれの調査に同行し、社会主義時代に何度も「労働英雄」の賞を受けた家畜技術のベテランであるジャダンバさんからのヒアリングに依拠している。

①自分の馬に一人で乗れるようになった年齢。子どもは早くから親に後ろから抱かれて馬に乗るが、遅くても7歳には自分で乗れるようになる。これは、場合によっては20キロ以上も離れたソムセンターの小学校に入学するためであり、家畜の放牧を手伝い、またナーダムに出場する基礎条件だからである。

②羊・山羊の親子のペアを覚えた年齢。子どもは小家畜の親子のペアを覚えていないと世話はできない。放牧を終えて帰って来た時、親子が首尾よく対面

表5 その仕事を自分で（または自分中心となって）できるようになった年齢

| | 自分の馬に乗れた | 羊ヤギの母子のペアを覚えた | 指示された放牧地に羊を誘導できた | その日の放牧を決められる | 羊毛の刈り取りができる | オールガで馬を捕捉殺ができる | 羊・ヤギの馬の親子や性質が識別できる | 大家畜の去勢ができる | フェルトの作りができる | 営地移動の日と場所を決める |
|---|---|---|---|---|---|---|---|---|---|---|
| A君 | 7才 | 9~10才 | 13~14才 | 26才 | 20才 | 20才 | 21才 | 24才 | 26才 | まだ |
| B君 | 7才 | 12~13才 | 16才 | 17~18才 | 19才 | 16才 | 18~19才 | 18~19才 | 25才 | 22~23才 |
| C君 | 7才 | 12~13才 | 13才 | 16才 | 14才 | 12才 | 16才 | 17~18才 | まだ | 22才 |
| D君 | 4才 | 8才 | 7才 | 8~9才 | 10才 | 11才 | 13才 | 14才 | 21才 | 23才 |
| E君 | 5~6才 | 5~6才 | 7~8才 | 17~18才 | 13~14才 | 17~18才 | 16才 | 18~19才 | 27才 | 25才 |
| F君 | 7才 | 10才 | 6~7才 | 13才 | 15~16才 | 17才 | 18~19才 | 18才 | まだ | 13才 |
| G君 | 8才 | 10才 | 10才 | 15~16才 | 14~15才 | 17~18才 | 15~16才 | 16才 | まだ | 17~18才 |
| H君 | 6才 | 7~8才 | 7~8才 | 11~12才 | 13~14才 | 15才 | 14~15才 | 16才 | まだ | 16才 |
| I君 | 6~7才 | 7才 | 12~13才 | 不明 | 15才 | 16~17才 | 16才 | 18~19才 | まだ | 18才 |
| 平均 | 6.4才 | 9.2才 | 10.4才 | 15.7才 | 15.0才 | 15.8才 | 16.8才 | 17.8才 | 17.7才 | 20.3才 |

するとは限らないので、その場合は子羊を親のもとへ連れていかなければならない。ふつうはまず親の頭の毛の色と形状から覚えていく。

　③指示された放牧地に小家畜を夕方まで放牧できるようになった年齢。子どもは小家畜を親に指示された経路にそって放牧にでかける。その経路に沿って群れが動くように誘導し、遅れた羊を群れに追いつかせる。遠巻きにゆっくりと見ておればよいが、他人の群れと出くわすと、混じってしまわないよう注意が必要である。混じってしまったら子どもの手には負えない。親が子どもを叱ることは少ないが、この時ばかりは親にきつく叱責される。牧民なら誰でも経験する幼少時のなつかしい思い出である。

　④その日の小家畜の放牧地を決められるようになった年齢。草地にはよく肥えた草が多い場所や薬草の多い場所などがある。また特に夏場には水を十分飲ませなければならない。どこで水をのませてどこで薬草を食べさせるか、その日の経路を、その日の風向きも考慮して判断しなければならない。その判断には習熟した大人が行うが、子どもが自分で判断できるのは16歳前後である。

　⑤羊毛の刈り取りができるようになった年齢。フェルトの材料となる羊毛は、ゲルの覆いや販売品となる。これができるには、羊を動かせないだけの力が必要であり、しかも羊の体をキズつけないように素早く行わねばならない。これができるようになるのは15歳くらいである。

　⑥オールガで馬を捕らえることができるようになった年齢。自分の馬を老若男女すべてもっている。そしてそれらの馬はふつう3週間ぐらい乗ったら群れに放して体力を回復させ、別の馬を捕らえて調教しなおす。その狙った馬を30頭ほどの群れの中から捕獲することになる。捕獲には、柳の枝を継いで4〜8mにした竿の先に、牛皮製のひもの輪をくくりつけたオールガを使う。よく馴れた俊敏な馬に乗り、この竿を右手に持って逃げる馬群の中から狙いをつけた1頭に輪をかけて止めさせる。この勇壮な光景はしばしば絵に描かれるモンゴル遊牧社会の代表的な光景であるが、これには馬を自在にあやつる熟練と、片腕で捕らえた馬を止める力が必要である。女性にはまず不可能である。男子で

もこれができるのは16歳からである。

　⑦小家畜の屠殺ができるようになった年齢。小家畜の屠殺は、家畜を仰向けにして手足を押さえ、腹を10センチほど切り、そこから素早く手を入れて人差し指と中指で中枢神経を引き切る。なれた大人なら1人でもできるが、そうでなければもう1人の補助者がつく。これは技術的にはむつかしいわけではないが、普通は15歳以下の子どもにはさせない。子どもには家畜を愛することをずっと教えてきたのであって、大人にとってもつらい瞬間である。その気持を抑制してこの動作を俊敏にやらせるのは16歳になってからである。

　⑧馬の親子、毛色、性質などの識別ができるようになった年齢。牧民は、気性の荒い牡馬に従う馬群（雌馬とその子馬、去勢された牡馬の群れ）がいくついても、その固体を全部覚えており、瞬時に識別する。遊牧民のこの本性ともいえる能力には驚嘆させられるのだが、さすがに牧民の子でも個体の性質まで識別できるのは18歳近くである。先の⑥の作業は、この判断能力を前提にした作業であるから、しばらくは年長者の指示した馬を捕らえることになる。

　⑨大家畜の去勢ができるようになった年齢。雄の去勢は、家畜を群れにして飼うためには不可欠の基本的作業である。小家畜の場合は睾丸を引きちぎるが、馬とラクダはそうはいかない。大人二人が組んで、家畜の足をくくって倒し、熱した二本の鉄棒ではさんで焼くのである。カットしないから出血もしない。しかし力のいる作業となる。

　⑩フェルトづくりを自分が中心になって行えるようになった年齢。ゲルを覆うフェルトは7〜8年で取り替えなければならない。しかしゲル一戸分を取り替えるには12〜18ピースが必要で、1年に3ピースしか作れない。しかも数人がかりの手作業となるから、数戸の大人（主として女）が必要となる。子羊と親羊の毛を交互に重ねて、そのたびに水をかけ、丸めて馬（トラクター）に引かせて固めるという作業である。この作業は大変手間のかかる作業になるから、最近は街でフェルトを買ってくる場合が多い。「まだできない」という回答が多いのはそのためである。

⑪営地移動の日と場所について自分で判断ができるようになった年齢。季節移動のうち、冬営地はほぼ決まった場所になるが、他の季節はその年の判断による。経験的にはそれもおおよその見当はあるが、草地の状況は毎年変わるし、そこに先人がいれば、そこから数キロ離れていないと放牧ができない。したがって移動に先立って、どこへ移動するかを家長は下見にいっていくつかの条件を考慮して決めなければならない。また、営地移動はホト・アイルを組む相手も替わる（替えざるを得ない）場合もあり、その相手は自由に好みだけでは決められない。だから、営地移動はいくつもの状況を考慮して判断しなければならない最もむずかしい課題となる。家長は家族の意見も聞くが、最終的な判断は彼が行うことになる。これができるようになって初めて親から独立し結婚できるわけだが、近年は結婚してもしばらくは親とホト・アイルを組んで一緒に営地移動する場合が増えているといわれている。

**（2）親世代からの習得課題**

　以上から明らかなように、親から独立し結婚するには、上記の⑨までの技術を身に着けていることが必要となる。しかし、人間の発達過程は決して機械的に進むわけではないし、独立したとはいっても親世代が蓄積してきた知識と技能から学ぶべきことはなお存在するのである。ここで「親世代」というのは、それらを学ぶのは親からだけでなく、ホト・アイルやサーハルト・アイルの先輩や、ソムセンターにいるベテランなどからも学んでいくという意味である。第1節で図式化したように、学ぶべき輪は次第に外へ広がっていくし、また広げなければならないのである。

　では、親世代にはできるが自分はまだできないこととは何か。これについての9人の回答は次の3点に要約できる。
① 家畜技術の基本は習得したが、なお習熟しているとはいえないこと。
　　「父は馬をオールガにかけたあと引き寄せるのがうまい。その馬に自分の馬の体をピタッとつけるのがコツだけど、これがなかなかできない」（B

君)、「オトル(家畜が多い場合にそれらの一部を本体から切り離して別の場所で放牧すること)は父でないとできない」(F君)といった課題である。
② 家畜の病気やけがの治療になお習熟していないこと。
「馬の走り方が変になったり足をくじいたときだね。悪い場所を見つけ、そこにたまった悪い血を流し、治療のツボに伝統的治療をほどこす。父はそれがすごい。」(H君)
③ 予想外のできごとや突発的なできごとになお対応できないこと。
「馬群がばらけて散り散りになった時の対応はむつかしい。そういう時は馬に近づかないこと。父はそれを遠巻きにしながら実にうまくまとめていく。」(I君)

このように、彼らは一人前になったとはいえ、まだ親世代から学んでいくべき課題はたくさん残されている。世代の継承は、こうした長い道のりを通して徐々になされるのである。

## 5　遊牧人生と馬文化

これまで見てきたように、青年たちはほぼ13〜14歳時に遊牧民として生きる決意を固めていくのであり、その人生選択において「馬」という存在が決定的といえる位置をしめている。実際、彼らのその後の人生は馬なしには語れないといってよい。羊、山羊、牛は基本的には彼らの財産という位置しか占めないのに対して、馬は彼らにとって別格の位置を占め、彼らの人生そのものの象徴といってよい。

(1) 生活必需としての馬

モンゴル遊牧民にとって、馬はさしあたりは生活にとって欠かせない存在である。主な用途をあげよう。①燃料としての乾燥した糞。いかなる民族も燃料なしには存続できないのであって、その重要な位置は説明するまでもない。こ

の糞を焚く香りは、モンゴル人の郷愁を最もそそるものでもある。②夏の馬乳酒。馬乳酒は「馬乳酒療法」という伝統治療もあるほど栄養のバランスが理想的な飲み物である。それは各家庭によって味が微妙にことなり、その家庭にとっては「おふくろの味」でもある。③タテ髪であんだ紐。遊牧民はこれを使ってゲルのフェルトを固定するなどに使う。④また、フェルト作りなどの動力としても使う。

しかし、その主たる用途はいうまでもなく草原の移動手段としての使用である。ソムセンターへの買い物、羊・ヤギの放牧、数キロはなれた隣組（サーハルト・アイル）への往来、乗り替える馬の捕獲など、あげればきりがない。遊牧民の日常生活は、ゲルの周囲で作業する以外の時間はほとんどが騎乗での生活である。草原を歩いている姿などはまず見かけない。用を足しにいくのもこれまた馬である（これを「馬を見にいく」と表現する）。馬なしの生活はまず考えられない。彼らが騎馬民族といわれるゆえんである。

読者の中には「やがてクルマにとって替わられるのではないか」と思われる方も少なくないだろう。筆者はその想定を代弁するつもりで、青年たちにあえて「クルマは欲しくないか」と聞いてみた。その答えは次の通りであった。

【A君】「馬はガソリンいらないし故障しないしね。馬のほうが気楽だよ。」

【B君】「馬は燃料いらないし、草原では地形悪くても馬なら走れるから。」

【C君】「クルマはこわれたら直せない。馬は休ませるとまた乗れる。」

【D君】「うちにもクルマはあるが、機械なんて興味はないよ。馬は壊れないし燃料いらない。馬の方が断然速いよ。馬は走り方がきれいだろ。運転免許なんて取るつもりない。」

全員がこんな調子である。やはり聞くだけ野暮というものであった。これは、あの大草原を実際に車で走ってみればすぐわかることである。草原に一本だけ走っている道路をそれて脇に入ると、クルマはガタガタ揺れて時速20キロ以上は出せない。格好悪いことこのうえない。斜面は危険で走れない。ぬかるみにはまり込んだら大変である。そして何よりも、家畜が食べる草を傷つける。雄

大な草原だが、非常にデリケートな大地であって砂漠化しやすい。これは遊牧民にとって命取りになる。だから草原では、車道をはみだして走らないことは初歩的で基本的なマナーなのである。

（2）文化としての馬

　馬はこのように遊牧生活に最適の実用性がある存在である。しかし馬は、その実用性をはるかに超えた文化として存在している。

　すでに前章でも紹介したように、遊牧民の子は、早ければ首が据わった頃から親にうしろから抱えられて馬にのっている。遅い子でもそれは4歳である。だから彼らは、物心がついた時はもう馬上なのである。彼らにとって馬は幼い時から深く心に刻み込まれた存在である。実際の体験によれば、ダルハン・ソムの小学3年生の子に先生が「家の周囲の風景を自由に描きなさい」と指示して描かせた。ここでゲルが描かれていることは当然として、注目すべきは15人中13人の子が馬を中心に描いていることである。モンゴル人にとって馬が幼少時からいかに胸深く刻まれた存在であることをよく示している。私どもが調査対象とした9人の青年が、その思いの延長線上に遊牧民としての人生を自ら選択したことはここからも明らかであろう。

　牧民が騎乗するのは馬群の中の去勢されたオス馬に限られるが、彼らは成長とともに最もおとなしい馬から早い馬へ、さらには格好いい馬、美しい馬へと好みを変えていくし、騎馬に使った馬は疲れているから、3週間ほどすれば放し飼いにしている馬群のなかから好みの馬をとらえて調教し直す。その馬は彼らの体と一体であるから、年頃になれば自分の服装以上に気配りする。乗ったあとは馬の汗をよく拭いて、毛並みをそろえてやることに余念がない。このブラシも彼らのこだわりの一品であり、とても大切に扱う。そうであるから、彼らの好みの馬となると千差万別である。

　【A君】「おとなしいグレー系が好きだね。今の馬はおとなしくて形がきれいだから気にいってるよ。気性の荒い馬に乗って振り落とされるのは御免だから

ね」。

【B君】「おとなしいグレー系が好きだね。今乗ってる馬もおとなしいよ。」

【C君】「馬ならすべて好きだよ。だから特に選んで乗ってるわけではない。余っている馬から順番に乗り換えていくよ。」

【D君】「一般的には黄色い馬が好きだね。でもいま乗ってる馬は体型がきれいだし速い。この馬からは速い馬が生まれるよ、きっと。」

【E君】「好きなのは茶色だね。おとなしくない馬がいい。速く走るからね。」

【F君】「僕は色にはこだわらない。きれいな馬であればいい。今の馬はおとなしくないけど、きれいで、スピード速い。乗っていると気持いいよ。」

【G君】「茶色の馬が好きだね。今乗ってる馬は形も走り方もいい。軽くて速いからつかれないんだ。」

【H君】「好きなのはおとなしくて走りが柔らかい馬。色はダークなほうが好きだね。茶系統のダークな馬だよ。」

【I君】「好きな色は黒っぽい茶色だね。性格は問わないよ。だってしょっちゅう乗りかえてるからね。」

普段は口数少ない彼らだが、好きな馬の話になるととたんに饒舌になる。D君などは気に入っている馬を筆者に見せるために遠くまで行って連れ戻してきた。この間2時間近くも待たされるはめになったが。

(3) 馬をめぐる親交

彼らは今、ほぼ親から独立して結婚もしている。彼らは技能的伝承を親からだけでなく、友人からも学んでいく。どんな社会でも、青年の成長・発達にとって友人の存在は不可欠であるが、牧民青年たちはどんな友人と親交し、どんな会話をしているだろうか。最後にそれを紹介しょう。

【A君】「親しくつきあっているのは3〜4人だね。彼らとはナーダムの馬の訓練中に友だちになった。会うときは家畜の話が多いね。特に今年のナーダムはソムの80周年記念だったから、勝った馬がどう訓練されたかばかり話してい

た。」

　【B君】「友人は4人くらいいる。すべて子どものころにホト・アイルを組んでいた相手だよ。会えば、話題は家畜、特に馬の話だね。馬の調教の仕方とか。ナーダムの時はだれがどういう馬を出したとか。」

　【C君】「親友は3人。一人は以前にホト・アイルを組んでいた知り合い、あと二人は学校時代の先輩。馬の話が多いねえ。ナーダムに勝った馬の話だね。どういう血統かなんてね。」

　【D君】「仲間は20人くらいいるよ。学校時代の友人がほとんどで、子どもの時から一緒に遊んでいた。この間も皆でボルウンドゥル（このソムの第5バグにある）に遊びに行った。話題はナーダムで勝った馬のこと。その馬の親がどういう馬かとかね。」

　【E君】「友だちは10人、大体は同じ学校の卒業生だよ。今日もその友人たちと会ったんだけど、家畜の話題がほとんどだった。あとは、うまい馬乳酒の作り方などだね。」

　【F君】「このガルシャル内では親友は一人。学校でも軍隊でもいっしょだった。最近は2ヶ月前に会った。ナーダムの前で、誰が勝つかとか話したね。」

　【G君】「友人は8〜9人。みな学校時代の友だちで、小さいときからこの辺で遊んでいた。話といえば家畜のことだね。家畜以外の話はあまりないね。」

　【H君】「友達は2〜3人だ。みな放牧中に親しくなった。この友人たちとは1ヵ月前に、友人が遠くへ行くので送別会をした。話題は馬の話だね。ナーダムで勝った馬の遺伝子のことだね。どこで生まれてどういう親馬だとかね。」

　【I君】「親友は4〜5人。みな同じところで育って放牧中に親しくなった。昨日も会ったんだけど、彼らもナーダムに出す馬の調教師だから、話題は自然に馬の訓練のことになる。友達から学ぶことは実に多いよ。」

　以上から明らかなように、第一に、彼ら牧民青年は決して孤立した存在ではない。彼らは同じソム内といえども普通は数十キロも離れているから、たしかに頻繁に会うわけではないし電話もない。けれども牧民青年にとって、彼らは

相互に幼ななじみの親友なのであり、その信頼の厚さが読みとれよう。
　そして第二に、彼らの会話は家畜に集中していることがわかる。これは情報過多のなかで浮遊している「先進国」の青年には確かに理解しがたく映るだろう。だが冷静に考えればすぐわかるように、彼らの話題は彼らの仕事と生活そのものであり、それに打ち込んでいるからこそ、その話題になるのである。まして、ソムあげての文化祭典であるナーダムとなれば、その前後は老いも若きも熱中し、どこでもその話題に花が咲くのは自然のなりゆきというものである。言葉の正確な意味での文化とは、本来そのような姿であることを「先進国」の私たちは改めて学ぶべきとも言えよう。


注
1）　島崎美代子・長沢孝司編著（1999）『モンゴルの家族とコミュニティ開発』日本経済評論社、第3章参照。
2）　本調査研究は、2003年度日本福祉大学課題研究費の助成を受けて実施したものである。
3）　図1の作成にあたっては多くの文献を参照しているが、特に後藤富男（1961）『騎馬遊牧民』を参照した。本書は今日なおモンゴル遊牧社会研究の第1級的作品といえる。
4）　今西錦司（1974）「遊牧論そのほか」『今西錦司全集』第2巻、講談社、参照。
5）　鯉淵信一（1992）『騎馬民族の心』日本放送出版協会、p. 39。なお本書はモンゴル遊牧民の民族的特質を実に巧みに紹介している。
6）　鯉淵信一、前掲書、pp. 33〜35参照。
7）　D．マイダル（2002）『モンゴル人』（日本語版）、ウランバートル、p. 42。
8）　楊海英（2001）『草原と馬とモンゴル人』日本放送出版協会、p. 40。
9）　なお、今日では牧民の子弟の基本教育の中途退学者は減少し、10年生学校卒者が一般的になっている。ガルシャル・ソムでのヒアリングによれば、これからの牧民には、遊牧技術のうえでも、また市場経済に対応するうえでも、10年生学校卒が必要であるという認識は親の側にも強くなっているとのことである。
10）　日野千草（2001）「モンゴル遊牧地域における宿営地集団」、野外民族博物館リトルワールド「リトルワールド研究報告」第17号、p. 107。

# Part 2　地の部
## ——馬を育てる経済、地面の力——

本パートでは、馬に関わる文化の下支えとなる土地の力、つまり牧畜を中心とした当地の経済の現況について論じる。

## 第4章　モンゴル東部地域の土壌と水文環境
——遊牧を支える草原生産力の源——

浅野　眞希

## 1　モンゴル国の牧畜区分と土壌分布

　モンゴル国の遊牧にみられる、地域的な飼育家畜種類の差異は、その自然・文化的背景によって生み出されてきた。牧畜区分を決める自然的な背景のひとつに、草原の植物生産力の源である土壌環境があげられる。図1に、自然条件からみた牧畜区分、図2に土壌地理分布図を示した。2枚の地図を見比べてみると、羊・馬牧畜区と、カスタノーゼムという土壌の分布が重なることに気がつく。

　なぜ、このように両者が一致するのだろうか？　土壌というとその植物生産力が注目されがちであるが、土壌の分布は様々な環境要因と対応している。1883年にロシアのV. V. ドクチャエフが提唱した成因的土壌説に基づくと、土壌とは、「土壌生成因子の間に生じる複雑な相互作用によって地表に生成した歴史的自然体」と定義される（大羽・永塚 1988）。すなわち、土壌は気候、植生、地形、地質といった環境因子の相互作用と時間の経過によって生成された存在であり、それぞれの因子の影響力の強さと組み合わせの数だけ、異なる土壌が存在するということを表している。土壌の断面形態を観察すると、色、含まれる物質、粒径などの違いから、いくつかの層に分けることができる。これを土壌層位といい、上からO層、A層、B層、C層とよぶ（図3）。土壌断面には土壌層位の厚さ、含まれる物質、特徴的な形態などによって土壌生成作用が示されており、土壌断面はその地表面が現在まで経てきた環境履歴のレコー

第4章　モンゴル東部地域の土壌と水文環境　89

図1　自然条件からみた牧畜区分

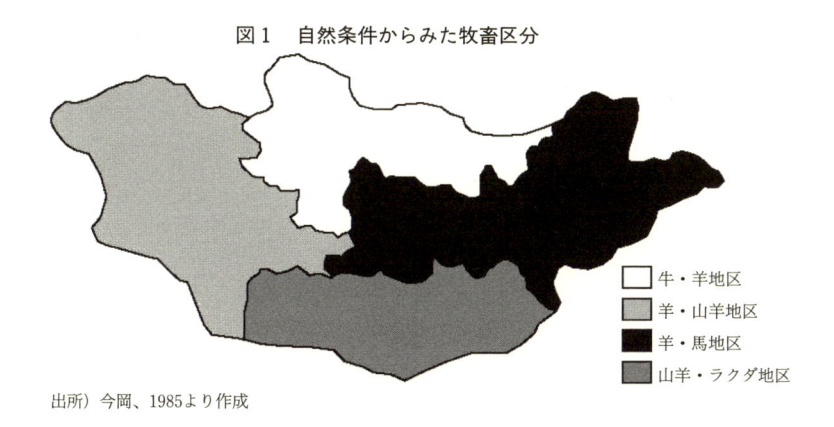

☐ 牛・羊地区
☐ 羊・山羊地区
■ 羊・馬地区
☐ 山羊・ラクダ地区

出所）今岡、1985より作成

図2　土壌地理分布図

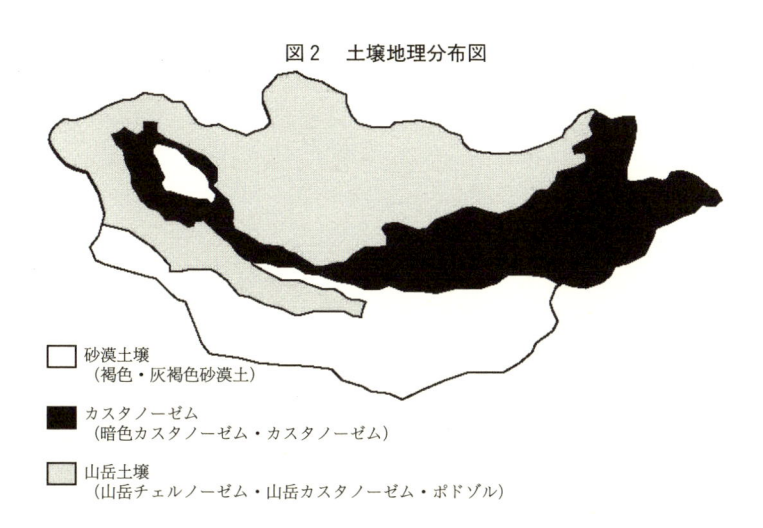

☐ 砂漠土壌
　（褐色・灰褐色砂漠土）
■ カスタノーゼム
　（暗色カスタノーゼム・カスタノーゼム）
☐ 山岳土壌
　（山岳チェルノーゼム・山岳カスタノーゼム・ポドゾル）

出所）（Bayansgalan et al., 2000）より作成

図3 土壌層位模式図

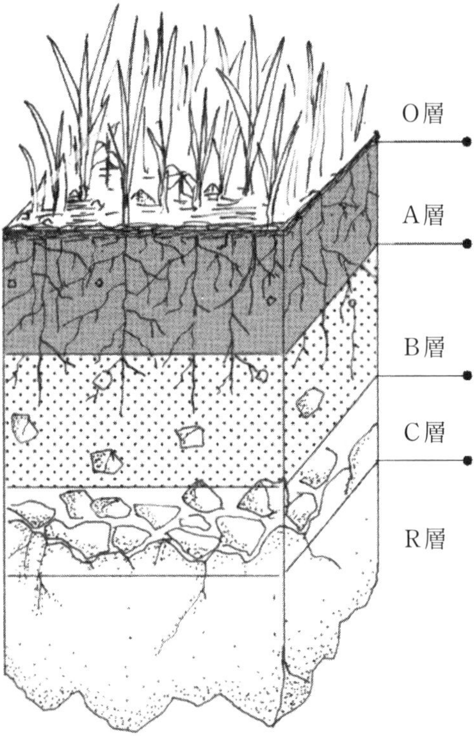

O層 落葉や枝などが積もった層

A層 土壌有機物が多く、植物の根や微生物、土壌動物が最も多い層。一般的に有機物の色で黒っぽく見えます。

B層 岩石、レス、火山灰などの土壌の材料（母材）が風化されて、もとの性質を失っている層。

C層 土壌の母材が堆積している層

R層 基岩の層

ドと捉えることができるのである。

　図2の土壌図から馬の牧畜区分には、カスタノーゼムという土壌が最も多く分布していることがわかる。カスタノーゼムは、短茎のイネ科草本を主体とする草原のもとに生成する土壌であり、特に土壌水分環境と草原の植物から供給される有機物量が土壌生成因子として強い影響を与えている。さらに、東部平原は西部にくらべ、地形がなだらかで表面が礫質でなく、土層が安定しているためカスタノーゼム地帯が広く分布していると考えられる。

　それでは、ヘンティ県が駿馬の産地となった自然的な背景のひとつとして、遊牧を支えてきたカスタノーゼムがどのような土壌断面形態、化学的な特性を

もつ土壌であるのか、また、草原の水文環境はどのように形成されているのかということについて、ヘンティ県ヘルレン川流域の調査事例を示しながら述べていこう。

## 2　モンゴルの土壌

### （1）モンゴルにおける土壌分布

　ヘンティ県に分布する土壌がモンゴル全土においてどのような位置づけとなるのかを明確にするために、まず、モンゴル全土に分布する土壌について概説したい。モンゴル高原は、シベリアのタイガ地域と中央アジアの砂漠地域の変遷域に位置しているため、非常に多様な生態系が存在している。モンゴル国に存在している土壌を表1にまとめた。モンゴルの植生・気候タイプに対応した土壌の分布が認められ、さらに地形や水文環境の変化によって、より多様な土壌が存在していることがわかる。

　北部山岳地域ではコケや地衣類の生育するツンドラ土、高山草原土といった未熟な土壌が分布し、森林地帯のタイガから森林ステップにかけては、山岳弱ポドゾル性土、褐色森林土、灰色森林土、山岳チェルノーゼム、山岳カスタノーゼムが分布する。山岳森林土壌は、針葉樹の落葉がO層を形成しているが、寒冷かつ分解されにくい有機物が多いために土壌有機物含量が比較的少ない。森林から草原への移行帯付近の林床に草本植物が多い森林または、森林と草原が入り混じるような場所になると、土壌の有機物含量が高くなり、山岳チェルノーゼム、山岳カスタノーゼムが分布する。平野に分布するものとは異なり、A層が薄く、石礫が多く、土壌断面中に炭酸塩が存在しない土壌断面形態を示すことが山岳チェルノーゼムや山岳カスタノーゼムの特徴である。

　中央部平原地帯のステップには広範囲にカスタノーゼムが分布している。モンゴルのステップは森林ステップとの境界や山地の斜面など、限られた地域に

表1　モンゴルの土壌分類

| 大群 | 亜群 |
|---|---|
| 山岳土壌 | ツンドラ土壌<br>湿性草原、湿性草原―ステップ土壌<br>森林土壌<br>ステップ土壌<br>砂漠ステップおよび砂漠土壌 |
| 平原および谷地土壌 | ステップ土壌<br>半砂漠および砂漠土壌<br>湿性土壌<br>塩類土壌<br>氾濫源土壌 |

出所）Dorjigotv（2003）より引用作成。

のみ黒色土のチェルノーゼムが分布し、カスタノーゼムが森林ステップの境界から乾燥ステップまで、大変広い範囲の草原に分布していることが特徴的である。カスタノーゼムは平地面積の約46％を占めるとされている（久馬 2001）。

　南部の乾燥ステップ、砂漠地帯になると、褐色砂漠―ステップ土、ステップ―砂漠土、灰褐色砂漠土が分布する。これらの土壌は、土壌表層を砂や0.5～1cmの礫に覆われており、その下には、細粒な土壌物質が固まってできたクラスト（crust）と呼ばれる薄い被殻が存在し、土壌の層位の発達が弱く、B層には炭酸カルシウムが多量に存在している。また、塩類土壌であるソロンチャックが部分的に存在する（久馬 2001）。平原で認められる気候－植生系列下の土壌分布は図4のように模式的に示すことができ、平原で図見られる地形

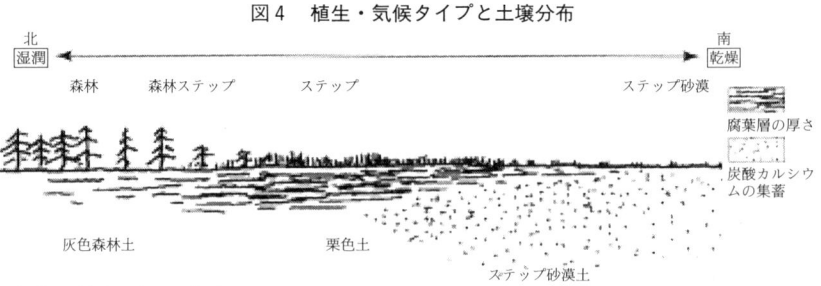

図4　植生・気候タイプと土壌分布

出所）田村（2003）より作成。

が複雑な場合、土壌分布は標高や水分環境、地質によってより複雑になる。丁度、この模式図が再現されている地域がヘルレン川流域といえる。

それでは、次の章から、馬の飼育に適した地区および、ヘンティ県に分布している土壌であるカスタノーゼムの特徴について具体例を示しながら述べたい。

（2）北東部草原のカスタノーゼム

前述のように、カスタノーゼムは家畜が好む短茎のイネ科草本を主体とするステップを分布域とし、モンゴルの牧地として最も重要な土地を占めている。特にヘルレン川流域の平原は地形がなだらかであり、気候と植生帯の系列が明瞭に認められる地域である。そのため、土壌と植生―気候との関係を研究する調査対象地として適していると考えられ、植生帯ごとに土壌調査が行われた（Sugita et al. 2007）。調査地点として、森林ステップ地域からバガヌール（BGN）、森林ステップとステップの境界からジャルガルトハーン（JGH）、ステップ地域からヘルレンバヤンウラーン（KBU）、ウンドゥルハーン（UDH）、ダルハン（DH）の5地点が選定された（図5）。

草原の土壌を掘ってみると、乾燥状態ではとても硬く、その反面、崩れやすい土壌であることが実感できる。土壌硬度計で土壌の硬さを測定した結果、一般的な日本の森林土壌の3～5倍の硬度を示した。土壌構造が発達した土壌で

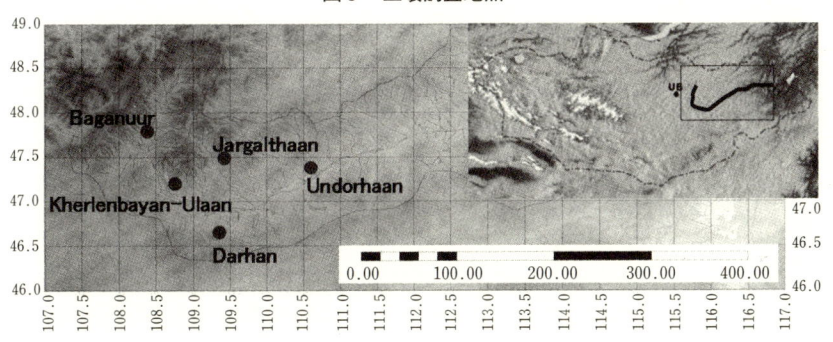

図5　土壌調査地点

94　Part 2　地の部

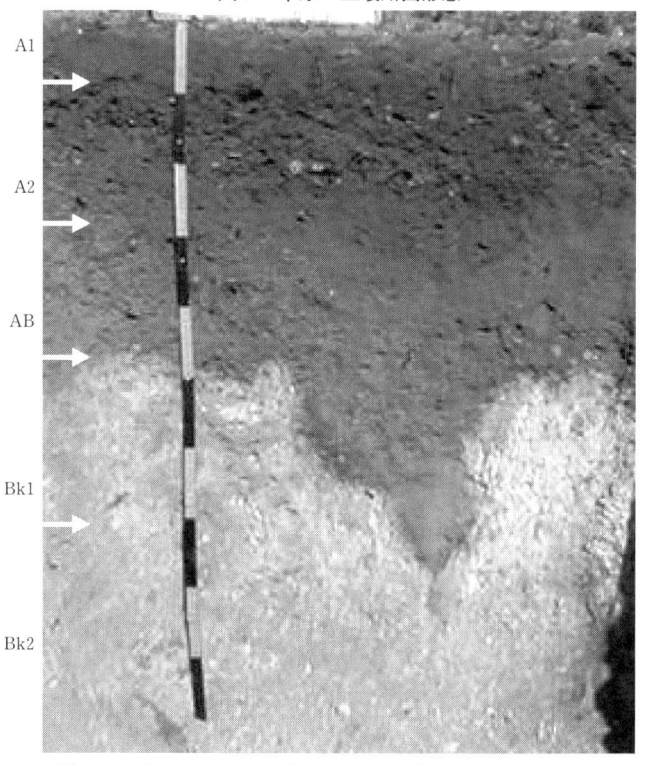

図6　草原の土壌断面形態

A1
A2
AB
Bk1
Bk2

注) ジャルガルトハーン、2003年6月、浅野眞希撮影。

は、沢山の小さな穴＝孔隙が生成する。この孔隙は、土壌中の水の通り道になったり、土壌動物の住処になったり、植物の根が入ったり、空気や水が蓄えられる場所になる。日本の火山灰土である黒ぼく土はこの孔隙が70％程度含まれるが、カスタノーゼムは40〜55％ほどしか存在しない。そのため大変緻密で、水の浸透率が低い特徴を示す。

図6に、例として JGH で調査された土壌断面の写真を示した。A層の色は、明るい茶色である。この色から、カスタノーゼムは栗色土（Chestnut soil）とも呼ばれる。A層の色は有機物含量の指標となり、一般的に黒色味が強いほど

土壌有機物含量が高い。枯れ草（リター）などの堆積層であるO層は認められず、A層の土色は森林ステップでのみで黒褐色を示した。カスタノーゼムの土壌断面形態で最も特徴的であるのが、炭酸塩集積層（Bk 層）の存在である。図6で、白く見える部分が Bk 層で、炭酸カルシウム（$CaCO_3$）を主体としている。土壌の母材となる岩石や、レス、植物中に含まれているカルシウムが降水によって溶解し、土壌断面下層部に移動・集積するためにこのような集積層ができる。調査結果から、ヘルレン川上流部の森林ステップから中流部のステップまでに存在する土壌の諸性質と植物系列についてまとめた。おなじ草原の土壌でも、降水量が少ない地点ほど Bk 層の存在深度が浅くなる傾向が明らかとなっている（図7）。土壌中の可溶性塩類は、日本のように降水量が多い場所では降水の浸潤とともに土壌中から溶脱されてしまうが、モンゴルのように降水量が蒸発散量よりも少ない乾燥地では、土壌中に残存する。つまり、Bk層の存在深度と塩類組成は土壌水分の挙動を反映しており、土壌中を浸潤する

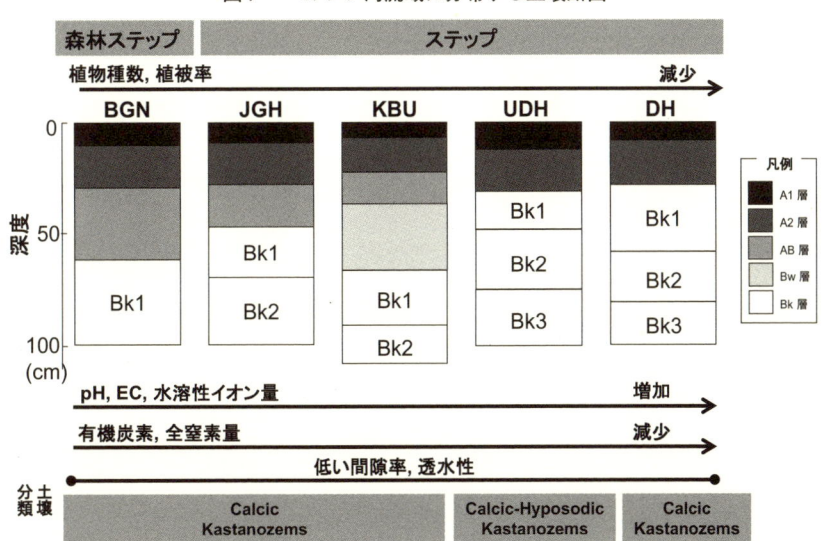

図7 ヘルレン河流域に分布する土壌断面

水の量が、森林ステップでは相対的に多く、同じステップでも南部では少ないことを示している（Asano et al. 2007）。

カスタノーゼムの化学的な特徴として、pHが中性～弱アルカリ性を示し、土壌中に多量の無機養分を含むので、化学的には肥沃な土壌であるといえる。しかしながら、表層の有機物含量が少なく、土壌構造の発達が弱いために、土壌の撹乱に対して耐性が低い土壌であるといえる。カスタノーゼムはモンゴル以外の温帯草原にも分布しているが、モンゴルのカスタノーゼムの特徴として、粗粒質な母材（石や砂が多い）と、寒冷かつ乾燥した気候条件のため、風食、水食、塩類化を受けやすく保全策がとられなければ、急速な土壌肥沃度の低下が問題としてあげられる（国際食糧農業協会編 2002）。

## 3　ヘルレン川流域の水資源について

モンゴル国内の水資源総量は599km$^3$とされており、その内訳をみると、湖水が500km$^3$、氷河が62.9km$^3$、河川水はわずか34.6km$^3$である（図8）。モンゴルのような半乾燥地域では、雨季と乾季が存在し、また、降雨があってもそのほとんどがすぐに蒸発してしまうか、地中へ浸透してしまうため、多くの河川で一年を通じて安定した水量を湛えることが難しいからである。また、地下水が地中に供給されることを涵養というが、比較的短い時間で涵養され、更新可能な地下水の量は、10.8km$^3$と推定されている（杉田ら 2006）。このようにとても少ない地表水と地下水が、モンゴルに生きる人間を含めた生物活動を支えているのである。1996年における人間活動による水取得量は地表・地下水を合わせて0.4km$^3$であり、その内訳を見ると、牧畜の利用が最も高いことが興味深い（図9）。草原生産力だけでなく、水資源つまり、川や湖、井戸などの水場の有無が飼育可能な家畜頭数や種別を規定する要因となっていることが伺える。

さて、そのような環境の中、ヘンティ県を流れるヘルレン河はモンゴル国内における集水面積が、1.225×10$^5$km$^2$におよぶ河川である。ヘルレン川の上流か

図8 モンゴル国の地表水の水資源量の内訳

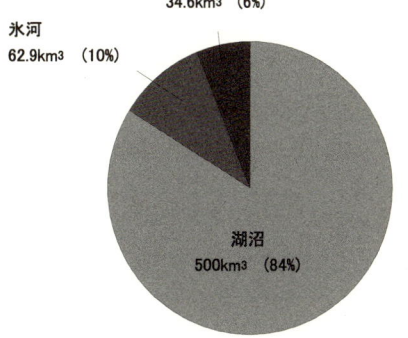

河川 34.6km³ (6%)
氷河 62.9km³ (10%)
湖沼 500km³ (84%)

出所）杉田ら（2006）より引用改変。

ら下流までの流量変化をみると（図10）、年変動が大きいことと、上流から下流までほぼ同じ流量であることがわかる。下流部にいたって、流域面積が広くなっても流量が変わらないということは、ヘルレン川は流域全体から水を集めているのではないことを示している（辻村 2007）。

それでは、流域に多くの恵みをもたらしているヘルレン川の水は、一体どこからやってくるのだろうか？河川水の流出起源を明らかにするため、降水、河川水、地下水の酸素安定同位体比（$\delta^{18}O$）、水素安定同位体比（$\delta D$）の分析を行った結果、ヘルレン川の河川水は標高1,650m以上の上流部にある森林地帯の降水を主な起源としていること、蒸発の影響を大きく受けていることと、同位体組成が河川水と地下水で大きく異なっていることが明らかとなった（Tsujimura et al. 2007）。河川流出量の増加量は、下流になるにしたがい小さくなる一方、河川から地下水への涵養はヘルレン川では顕著でなく、とくに中流部から下流部においては、地下水から河川水への流出が若干生じているもののその量はわずかであることが示唆された。つまり、ヘルレン川は源流で得た水をそのまま下流に流す樋（フリューム）のようなものということができる（辻村 2007）。また、河川水と、地下水の無機溶存成分特性の分析結果から、

図9 水利用目的内訳（1996年）

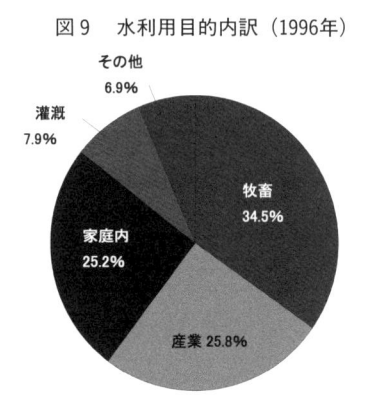

その他 6.9%
灌漑 7.9%
牧畜 34.5%
家庭内 25.2%
産業 25.8%

出所）杉田ら（2006）。

　地下水の溶存成分量は河川水に比べて顕著に高く空間変動が大きいとともに、その組成が河川水と大きく異なることが明らかになり、同位体比分析の結果と同様、地下水は河川水からの流入の影響をあまり受けていないことが示された（Tsujimura et al. 2007）。この結果は、従来の教科書的な、河川水の恒常河川は地下水によって維持されるというような、河川－地下水交流関係だけでは説明できず、より複雑で局地的な地下水涵養システムが存在していることを示唆している。浅層地下水の起源について、同位体分析による結果では、ある一定量以上の降水量があった場合のみ、降水は土壌中を降下浸潤し地下水を涵養していると考えられ（Tsujimura et al. 2007）、地形や土壌特性によって、その水質や同位体組成に多様性が生じているものと予想される。今後、水資源ならびに草原の有効利用のために、河川水、地下水の涵養速度を、小規模な地形ごとに定量的に示し、水資源の潜在量や水質について基礎的なデータを蓄積していくことが求められている。

## 4　駿馬を育む土壌と水資源

　本章では土壌と水資源という観点からヘンティ県の自然環境について述べた。

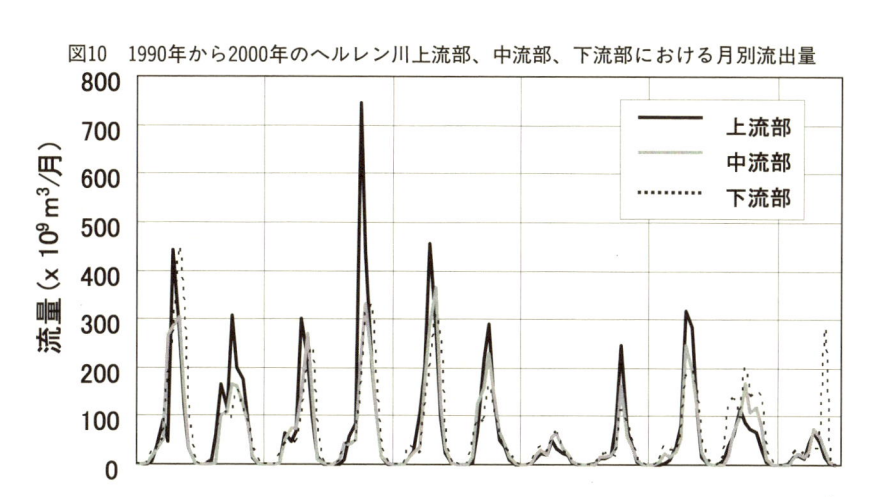

図10　1990年から2000年のヘルレン川上流部、中流部、下流部における月別流出量

出所）辻村（2007）より作成。

　北部の山地から南部へなだらかに広がる平原地帯は、モンゴル国で最も広大なカスタノーゼム地帯であり、長期間にわたって豊かな草原生態系が維持されてきた地域であることがわかった。また、ヘルレン川を中心とした水資源にも恵まれ、地形的に山岳や砂礫地帯を好まない馬の飼育にとって好適であるとともに、土壌と水という観点からも、家畜の飼育に適した土地であるといえる。土壌が育み、また土壌を生成する存在でもある植物については、次章のコラムを参照されたい。

　最後に、土壌は草原の植物生産すなわち草原生態系を根底から支えている存在であるが、同時に撹乱に対して脆弱であり、植物や動物によって有機物を供給されることで維持される存在である。モンゴル草原は本来から降水量が少ない地域であるため水資源もまた脆弱である。近年、地球温暖化などの気候変動、土地利用の変化によって、草原生態系の変化が問題となりつつあるが、複雑な生態系のシステムは未解明な部分が多く、将来予測も容易ではない。ヘンティの駿馬が駆け回る豊かな草原を後世へ伝えていくのは私たちなのだと自覚する

とともに、自然科学と社会科学、また、モンゴルと日本の共同研究が発展していくことを切に願う。

**謝辞**

モンゴル国ヘルレン川流域における土壌調査は、科学技術振興機構による戦略的研究プロジェクト「北東アジア植生変遷域の水循環と生物・大気圏の相互作用」（RAISE プロジェクト）において行われた。また、一部は笹川科学振興財団による援助を受けた。ヘルレン川流域の水資源については、筑波大学生命環境科学研究科の杉田倫明氏、および辻村真貴氏に資料のご提供とアドバイスをいただいた。ここに記し感謝いたします。

**参考文献**

今岡良子（1985）「人間と自然、そして遊牧──モンゴル人民共和国の場合」『モンゴル研究』8、pp. 2-46。

大羽裕、永塚鎮男（1988）『土壌生成分類学』養賢堂。

Bayansgalan, Sh., Bolortsetseg, B., Dorj, B., Natsagdorj, L., Tuvaansuren, G. (2000) "Impact on agriculture". In : ed. Batima, P., Dagvadorj, D., Climate *Change and its impact in Mongolia*, JEMR Publishing, Ulaanbaatar, pp. 171-199.

Sugita, M., Asanuma, J., Tsujimura, M., Mariko, S., Lu, M., Kimura, F., Azzaya, D., Adyasuren, T. (2000) "An overview of the rangelands atmosphere-hydrosphere-biosphere interaction study experiment in northeastern Asia (RAISE)". *Journal of Hydrology*, 333, pp. 3-20.

久馬一剛（2001）『モンゴルの土壌』ペドロジスト、45、1、pp. 56-64。

（社）国際食糧農業協会編（2002）『世界の土壌資源──入門＆アトラス入門編』古今書院、pp. 86-87。

Dorjigotv, D. (2003) *Soils of Mongolia. Admon*, Ulaanbaatar（モンゴル語）

田村憲司（2003）「モンゴル草原の土壌保全に向けて」、『科学』73、5、pp. 541-544。

杉田倫明、G. ダワー、D. オユンバータル（2006）「モンゴル国の地表水」、モンゴル環境ハンドブック編集委員会編『モンゴル環境ハンドブック』pp. 42-54。

Asano, M., Tamura, K., Kawada, K., Higashi, T., (2007) "Morphological and physico-chemical characteristics of soils in a steppe region of the Kherlen River basin, Mongolia ". *Journal of Hydrology*, 333, pp. 100-108.

Tsujimura, M., Abe, Y., Tanaka, T., Shimada, J., Higuchi, S., Yamanaka, T., Davaa, G., Oyunbaatar, D.（2007）" Stable isotopic and geochemical characteristics of groundwater in Kherlen River basin, a semi-arid region in eastern Mongolia " *Journal of Hydrology*, 333, pp. 47-57.

辻村真貴（2007）「草原の水循環」、中村徹編『草原の科学への招待』筑波大学出版会、pp. 67-78。

## コラム　東モンゴル草原の植生
### ――群落を優占する植物と家畜の関係――
G. U. ナチンションホル

　モンゴルの国土面積は1,565,000平方キロメートルで、そのおよそ80%が草原植生といわれている。モンゴルの草原植生が環境の乾湿度と対応し、北から南にかけて、森林草原、典型草原、乾燥草原、荒漠草原と、群落構成種の減少に伴って生産性が低下するグラデーションを呈する。これらの草原のほぼ全域が家畜を飼育する草地として遊牧産業に利用されており、異なる草原の中、典型草原が国土面積のおよそ20%を占めている。

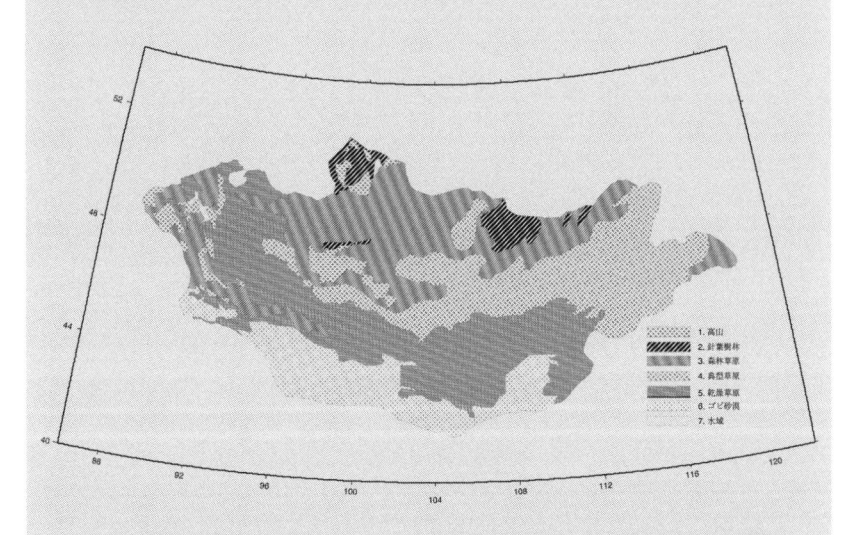

　モンゴルの典型草原ではイネ科の種が群落を優占するが、環境の乾湿度によってその割合が異なる。湿潤な環境に比べて乾燥した環境のもとでは群落構成種における単子葉、特にイネ科の種の割合が多い。このような典型草原が広がる東モンゴルでは、イネ科多年生の Stipa Krylovii, Stipa grandis, Cleistogenes squarrosa などが群落を優占し、牧畜産業に重要な役割を果たしている。砂質の土壌に Elymus chinensis が優占する群落がよくみられ、乾燥が進むほど、群落におけるイネ科の種の果たす役割がさらに大きくなってくる。

　1999年から2006年までの8年間にわたって、東モンゴル草原のトゥメンツォグト郡で行った植生調査の結果から、家畜による嗜好性が高い種の生産量が群落全体の65％を超え、その9割以上はイネ科を中心とした単子葉の種であった。

　このような草原植物群落の構造と家畜による嗜好性の対応が、草原の収容力の底力であるとも言えるだろう。東部草原に位置するドルノド、スフバートル両県はモンゴル国土全面積の13％を占めていて、2003年現在、両県が全国家畜のおよそ1割を有し、家畜の密度が全国平均値より低い。一方、大型家畜の牛、特に馬の密度が全国平均値を上回っている。ラクダと山羊が典型草原よりも乾燥した環境を好むため、東草原での数が比較的に少ない。東モンゴル草原の餌として植物群落の優占種と家畜の嗜好性の関係は以下のとおり。

1．Agropyron cristatum（現地名：Saman yo'rhog サマンユルフグ）：イネ科の多年生植物。モンゴル草原に広く分布している種のひとつであり、生産性の年々変動が比較的に安定している特徴がある。乾燥と低温に対する適応性が強く、典型草原の代表種のひとつとして東モンゴル草原によく見られるが、森林草原では、その割合が低下する。春先の新芽が厳しい冬を越した家畜の栄養補充に重要な役割を果たし、最上級の牧草として各種の家畜に好まれる。特に馬と山羊が新鮮な地上部を好んで食べるが、乾燥した地上部もよく採食される。茎の繊維が丈夫であるため、乾燥した地上部が強風や大雪にも折れにくく、冬から春先にかけて、家畜にとって重要な牧草である。

2．Elymus chinenses（現地名：Hyag ヒャーグ）：イネ科の多年生植物。モンゴルに広く分布している種である。ゴビでは比較的湿潤な場所に少量に出現するが、東モンゴル草原では優占種のひとつとして群落に重要な役割を果たしている。葉の割合が多く、もっとも優良な牧草に数えられる。各種の家畜の越冬準備ための体力作り―肉太りには顕著な効果があるといわれている。新鮮な状態で馬と牛が特に好んで採食するが、ラクダと小型家畜による嗜好性も比較的に高い。冬から春先にかけて、枯れた地上部に対する各種の家畜の嗜好性も高い。

Elymus chinenses の繊維が比較的に太いが、タンパク質および脂肪の含量が高い。とくに冬から春先にかける寒冷な季節に、他の植物に比べると枯れた植物体内の栄養が比較的高く、家畜にとって重要なエネルギーと栄養源である。したがって、モンゴルの遊牧民は、乾燥した状態で草原に残った Elymus chinense を、家畜の餌として高く評価する。Elymus chinenses の地下茎が発達していて、栄養繁殖の力が比較的強いため、純群落を形成することがある。そのため、退化した草原の遷移を促進することにも利用できる。

3．Stipa grandis（原始名：Tom hyalgana トムヒャルガナ）：イネ科の多年生植物。比較的湿潤な環境を好むため、主に北の森林草原、典型草原に分布している。出穂するまでの地上部をすべての家畜が好んで食べるが、乾燥したものに対して、ラクダ以外の家畜の嗜好性が高い。穂が出た Stipa grandis ののぎが家畜の皮膚や口腔を傷つくことがあるため、遊牧民は家畜をこの時期に Stipa grandis が優占する草地を避けて放牧する。

4．Stipa sibirica（現地名：Sibiriin hyalgana シビーリンヒャルガナ）：イネ科の多年生植物。モンゴルの典型草原、森林草原に広く分布する。出穂するまでの個体に対する各種の家畜の嗜好性が高い。種子が成熟すると、タンパク質と脂肪の含量が著しく低下し、繊維質の割合が増えるため家畜による嗜好性が低下する。冬の季節に馬と牛による嗜好性が小型家畜より高い。

5．Polygonum divaricatum（現地名：Uher tarna ウフルタラン）：ダテ科の多年生植物。主にモンゴルの東部と北東部に分布。新鮮な個体の地上部に対するラクダ、馬、牛の嗜好性が中間レベルであり、羊と山羊がほとんど採食しない。秋以降乾燥枯死した地上部が砕けた破片となり地面に落ちるため、家畜の餌として残るものが少ない。

　東モンゴル草原の植物群落は、家畜の嗜好性が高いイネ科の種を中心に植生が発達している。Stipa grandis と Elymus chinenses などの大型イネ科の種によって形成された群落が、馬と牛の放牧地として重要な役割を果たしている。このような群落がモンゴル国の東の国境からさらに東、Ih Hyangan（大興安嶺）の両麓までに広がり、豊かな遊牧地として長い歴史にわたって栄えてきた。

# 第5章　ヘンティ県の資源と地域産業

島崎美代子

　ヘンティ県は"貧しい県"と言われることがある。確かに統計数字でみると自然資源・鉱業は乏しく、製造業（加工業）は少なく、また、観光資源についても形として存在する歴史遺跡は観光地として未開発のところが多く、野生動物・植物保護区をふくむ山岳地帯も狭い。ただ馬の文化に関しては、前述のように、他県をひきはなし、駿馬—オヤーチの集積・実力は抜群である。前述のように水—土壌と関連して植生は多様で豊かであり、駿馬を育てる適合的な自然環境をなしている、といえるであろう。

　この章では、鉱物資源の分布・採掘の現状と将来、農牧業の特徴的な展開、加工産業・流通・サービス業・情報通信の現状と問題、などを確かめていきたい。そして最後に、これらの生産・生活環境にかかわる社会インフラについて検討する。

## 1　鉱物資源の分布と鉱山業

　鉱業は農牧業、観光業とともにモンゴル国3大産業のひとつとされている。そのGDPに占める比率は約5分の1で、農牧業に迫っている（2005年には、農牧業の20.9％に対して20.4％）。だが、農牧業分野では自給部分、物々交換がかなり行なわれていること、また、鉱業生産物の国際価格変動が大きく、国際需要の変動もまた激しいことなどを考え合わせると、産業としての実態については、それらの生産活動の次元で検討しなければならないであろう（表1）。

　21世紀にはいって以後、経済社会の発展方向・ヴィジョンに新しい動きが問

表1　GDP（全国、分野別）

| 年次 | | 2002 | 2003 | 2004 | 2005＊ |
|---|---|---|---|---|---|
| 全国合計 | a | 1,240,786.8 | 1,461,169.2 | 1,910,880.9 | 2,266505.0 |
|  | b | 4.0 | 5.6 | 10.7 | 6.2 |
|  | c | 100.0% | 100.0% | 100.0% | 100.0% |
| 農牧業 | a | 256,623.6 | 293,377.9 | 299,041.6 | 491,110.9 |
|  | b | -12.4 | 4.9 | 17.7 | 7.7 |
|  | c | 20.7% | 20.1% | 15.6% | 21.7% |
| 鉱業 | a | 125,896.3 | 185,788.5 | 365,565.2 | 461,305.5 |
|  | b | -8.2 | -2.3 | 34.3 | 11.3 |
|  | c | 10.1% | 12.7% | 19.1% | 20.4% |
| 製造業 | a | 73,974.9 | 90,463.5 | 98,493.1 | 99,856.1 |
|  | b | 19.0 | 4.3 | 1.3 | -24.1 |
|  | c | 6.0% | 6.2% | 5.2% | 4.4% |

注 a ）時価、100万トゥグルク
　b ）実質価格で年成長率
　c ）全国合計を100とする各分野比率
出所）『モンゴル国統計年鑑』（2005）による。

題となってきた。その中心に「資源枯渇時代」への進行という指摘がある（坂巻 2006）。すなわち、今後、石油・天然ガス、金属一般、希土類その他の消費増加の傾向が地球規模で強まって需要－供給バランスが崩れ、鉱産物価格の上昇が進み、その影響が一般物価へ影響をおよぼしていくという論議である。

　モンゴル国の場合、鉱山の採掘が限定されているといえるが、鉱物地下資源の存在は現在調査確認されたところをみても少ないとはいえない。いま、鉱物資源の調査・採掘について、その場所をみれば、図1に示されるようである（" Gold of Mongolia " 1998）。ここには、鉱床と採掘場との所在がしめされている。三角形▲でしめされた採掘場が、この時点では鉄道沿線に限られていること、それに対して、鉱床（四角形■）は、西部、中央部、南部、東部、それぞれの地域において調査確認されている。石油資源についても――この図には表示されていないが――、南部―砂漠地帯に地下資源としての所在が指摘されているのである。

　以上の諸説を整理してみれば、次のようにいえるであろう。すなわち、現在、

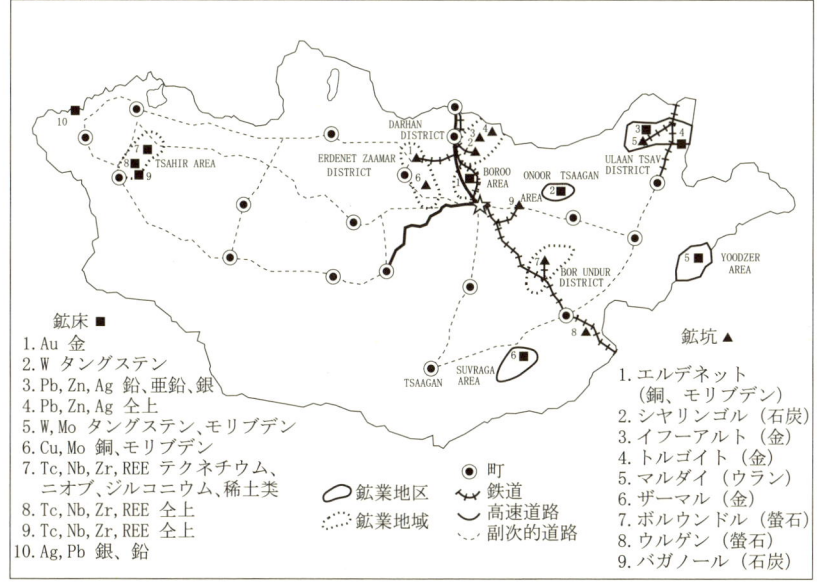

第5章　ヘンティ県の資源と地域産業　107

図1　モンゴル国の主要鉱業地区・地域

鉱床 ■
1. Au 金
2. W タングステン
3. Pb, Zn, Ag 鉛、亜鉛、銀
4. Pb, Zn, Ag 全上
5. W, Mo タングステン、モリブデン
6. Cu, Mo 銅、モリブデン
7. Tc, Nb, Zr, REE テクネチウム、ニオブ、ジルコニウム、稀土类
8. Tc, Nb, Zr, REE 全上
9. Tc, Nb, Zr, REE 全上
10. Ag, Pb 銀、鉛

◉ 町　　◯ 鉱業地区　⋯ 鉱業地域
╋ 鉄道　　 高速道路　　 副次的道路

鉱坑 ▲
1. エルデネット（銅、モリブデン）
2. シャリンゴル（石炭）
3. イフーアルト（金）
4. トルゴイト（金）
5. マルダイ（ウラン）
6. ザーマル（金）
7. ボルウンドル（螢石）
8. ウルゲン（螢石）
9. バガノール（石炭）

出所）Dandisuren. M. (1998), p.29による。

　採掘が進められているのは、銅、モリブデン、金、螢石（$CaF_2$）、石炭があり、そのほとんどが、中央・首都の南北に施設された鉄道とその支線に沿っている。1990年の市場経済への移行以後に閉鎖されたのは、ウラン、鉛、亜鉛、石油、そして、金・銅・石炭のうち、比較的に交通事情の悪い場所である（坂巻 2006）。また、新たに所在が確認されている鉱床としては、金、銀、銅、鉄、錫、モリブデン、鉛、タングステン、ジルコニウムなど多様な種類にわたっていることに注目しておきたい（"Mongolian Geology" 1989）。そして現在、金（金鉱、および砂金）の採取は産出地においては、法令を無視した"ゴールド・ラッシュ"ともいうべき混乱を起こしている（島崎 2007）。
　さらに、「MAP 21」(1999) の県別地図によってヘンティ県の鉱物資源をみれば、様相はかなり異なる。すなわち、北部山間地に金、錫、東部中間地に螢

図2　ヘンティ県の鉱物資源の分布

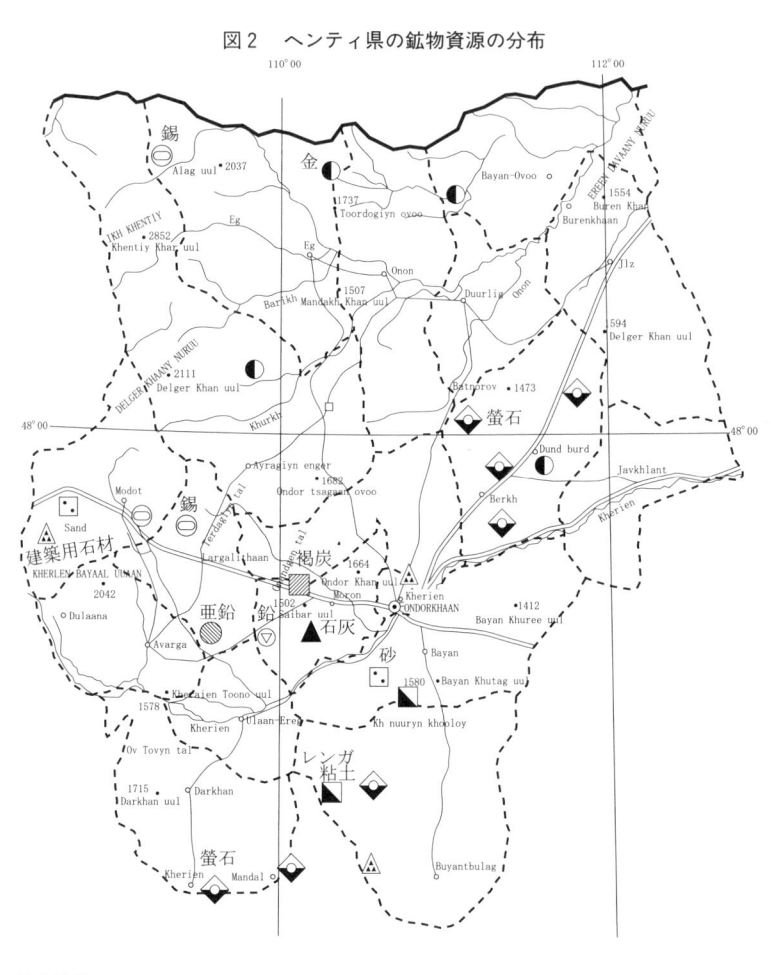

鉱物種類
- ◐ 金
- ▨ 褐炭
- ⊖ 錫
- ▽ 鉛
- ◯ 亜鉛
- ◼ レンガ粘土
- ▲ 石炭
- ◆ 螢石
- ▲ 建築用石材
- ⊡ 砂

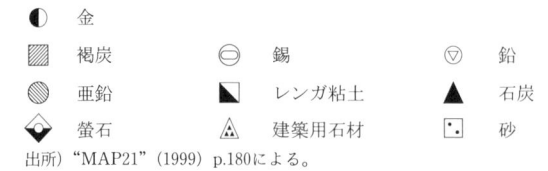

出所）"MAP21"（1999）p.180による。

石と金、西部中間山地に砂、建築用石材、錫、亜鉛、鉛、褐炭、石灰などがあり、南部地域には、蛍石、レンガ粘土、建築用石材、砂の産地がある（図2）。また、最近（2005年）、ダルハン・ソムの南西部中央の山塊（ダルハン山）に鉄鉱石の所在が発見されて、民間の鉱山会社が発掘を開始した。

　ヘンティ県での鉱山業は現在、主要な産業とはいえないし、鉱物資源の所在もまた、他の地域と比べて豊かであるともいえない。だが、今後の発展には注目しなければならないであろう。

表2　鉱業生産物の種類別産出量（全国）

| 年次 | 2002 | 2003 | 2004 | 2005 |
|---|---|---|---|---|
| 石炭、千トン | 5,544.4 | 5,666.1 | 6,865.0 | 7,517.1 |
| 租石油、千バーレル | 139.2 | 183.0 | 215.7 | 200.7 |
| 銅、千トン（35%濃縮） | 376.3 | 372.2 | 371.4 | 361.6 |
| モリブデン、トン（47%濃縮） | 3,384.0 | 3,836.6 | 2,428.0 | 2,528.0 |
| 金、kg. | 12,097.1 | 11.118.6 | 19,417.6 | 24,121.9 |
| 鉄鉱石　千トン | - | - | 33.5 | 167.7 |
| 亜鉛、千トン | - | - | - | 22.8 |
| 蛍石、千トン（濃縮） | 159.8 | 198.4 | 148.2 | 134.1 |
| 蛍石、千トン | 513.9 | 488.2 | 468.2 | 507.9 |
| 岩塩　トン | 680.2 | 280.5 | 258.5 | 196.7 |

出所）「モンゴル国統計年鑑」2005年による。

## 2　農牧業の特徴

　ヘンティ県の農牧業は現在でも全国的に中心的位置を占める状況にあり、とりわけヘルレン川から南方の草原は、大家畜（とくに駿馬）の育成において突出していることは、前述のとおりである（序章、および第2章参照）。そこでこの節では、調査対象のガルシャル・ソムにおける農牧業の特徴に絞って考えたい。

表3 ガルシャル・ソムの家畜頭数 (単位：1,000頭)

| 年次 | | 1990 | 1995 | 1997 | 1998 | 1999 | 2000 | 2001 | 2002 | 2003 | 2004 | 2005 | 2006 |
|---|---|---|---|---|---|---|---|---|---|---|---|---|---|
| 合計 | 頭数 | 143.5 | 107.5 | 120.7 | 140.3 | 156.9 | 152.0 | 128.4 | 126.3 | 131.2 | 132.8 | 143.1 | 159.4 |
| | 指数 | 100 | 75 | 84 | 98 | 109 | 106 | 89 | 88 | 91 | 93 | 100 | 111 |
| | 構成比 | 100.0 | 100.0 | 100.0 | 100.0 | 100.0 | 100.0 | 100.0 | 100.0 | 100.0 | 100.0 | 100.0 | 100.0 |
| らくだ | 頭数 | .8 | .9 | .9 | 1.0 | 1.0 | 1.0 | 0.8 | 0.8 | 0.7 | 0.7 | 0.6 | 0.6 |
| | 指数 | 100 | 113 | 113 | 125 | 125 | 125 | 100 | 100 | 88 | 88 | 75 | 75 |
| | 構成比 | 0.6 | 0.9 | 0.7 | 0.7 | 0.6 | 0.6 | 0.6 | 0.7 | 0.5 | 0.5 | 0.4 | 0.4 |
| 馬 | 頭数 | 11.3 | 12.5 | 15.1 | 17.0 | 19.2 | 19.0 | 15.2 | 13.8 | 14.5 | 14.2 | 14.2 | 14.9 |
| | 指数 | 100 | 111 | 134 | 150 | 170 | 169 | 135 | 122 | 128 | 126 | 126 | 132 |
| | 構成比 | 7.9 | 11.6 | 12.5 | 12.1 | 12.2 | 12.5 | 11.9 | 10.9 | 11.1 | 10.6 | 9.9 | 9.3 |
| 牛 | 頭数 | 13.2 | 13.1 | 13.8 | 14.9 | 16.5 | 15.9 | 7.2 | 6.7 | 7.6 | 7.7 | 8.0 | 9.1 |
| | 指数 | 100 | 99 | 105 | 113 | 125 | 120 | 55 | 51 | 58 | 58 | 61 | 69 |
| | 構成比 | 9.2 | 12.2 | 11.4 | 10.6 | 10.5 | 10.5 | 5.6 | 5.3 | 5.8 | 5.8 | 5.6 | 5.7 |
| 羊 | 頭数 | 90.4 | 47.4 | 51.6 | 60.7 | 71.8 | 70.2 | 62.8 | 60.9 | 58.4 | 59.9 | 66.9 | 75.0 |
| | 指数 | 100 | 52 | 57 | 67 | 79 | 78 | 69 | 67 | 65 | 66 | 74 | 83 |
| | 構成比 | 63.0 | 44.1 | 42.7 | 43.3 | 45.8 | 46.2 | 48.9 | 48.2 | 44.5 | 45.1 | 46.8 | 47.1 |
| 山羊 | 頭数 | 27.8 | 33.5 | 39.3 | 46.8 | 48.4 | 45.9 | 42.4 | 44.1 | 50.0 | 50.5 | 53.3 | 59.8 |
| | 指数 | 100 | 121 | 141 | 168 | 174 | 165 | 153 | 159 | 180 | 182 | 192 | 215 |
| | 構成比 | 19.3 | 31.2 | 32.6 | 33.3 | 30.9 | 30.2 | 33.0 | 34.9 | 38.1 | 38.0 | 37.3 | 37.5 |

出所）モンゴル国立統計局資料。

まず、調査対象のガルシャル・ソムについて、1990年以後の5畜頭数を種類別にみれば、およそ次のような動向が見られる（表3）。

a）総数でみると、1990年以後減少して1995年には4分の3に落ち込む。だが、その後増加して1999年にひとつのピークをつくる。以後再び減少に転じて2000〜02年にかけて20〜21％落ち込む。その後回復に向かい、2005年に至って90年の水準に回復し、2006年には10ポイントほど上回るようになる。2000〜02年の落ち込みは「ゾド」によるものであり、このソムでは特に、大家畜―馬、牛―の凍死がひどかった（第1節(1)参照）。

b）家畜種類別にみれば、1990年と対比して2006年には馬と山羊の比率が上昇している（馬は7.9％から9.3％へ、山羊は19.3％から37.5％へ）。山羊が集中して増加している原因は、需要と市場価格の増大・上昇によるものであり、馬はまだ1999年の第1次ピークを超えるに至っていないが、山羊の頭数増加は著しい。また、牛の漸減については、気候変動による被害を防ぐのが牛では特に困難であるとの判断によるものだと言われている。

c）このソムはウランバートル市に近いという事情もあって、家畜・家畜生産物を各個人でウランバートル市の市場まで運んで販売する例もかなり多い。また商人が遊牧民のゲルを訪ねて畜産物を購入する、共同組合を通して共同販売するなどの場合も見られる。また、その結果として家畜生産物のソム内での加工は発達が遅れているのである（次項参照）。

一般的な農牧業の状況は以上のようであるが、前述のように、ガルシャル・ソムは全国でも群を抜く「駿馬」の産地であり、有名な"オヤーチ"たちがこの地で「駿馬」の育成・調教に励んでいる。これこそが、ガルシャル・ソム農牧業の特徴なのである。

## 3 地域製造業

ヘンティ県の製造業生産額は、1990年をピークとして大幅に縮小した（表

表4　ヘンティ県の部門別製品生産高

| 年次 | | 60 | 70 | 80 | 90 | 95 | 00 | 02 |
|---|---|---|---|---|---|---|---|---|
| パン | トン | 196.8 | 112.0 | 523.0 | 1330.4 | 709.4 | 88.1 | 136.3 |
| | 指数 | 15 | 8 | 39 | 100 | 53 | 7 | 10 |
| ベーカリー製品 | トン | 112.0 | 177.7 | 381.6 | 441.4 | 50.0 | 13.3 | 5.2 |
| | 指数 | 25 | 40 | 86 | 100 | 11 | 3 | 1 |
| 小麦粉 | 千トン | - | 3.6 | 2.2 | 9.1 | 7.1 | 1.1 | 0.7 |
| | 指数 | - | 40 | 24 | 100 | 78 | 12 | 8 |
| アルコール | 千リットル | 36.6 | 94.0 | 205.6 | 159.3 | 118.5 | 45.0 | 42.7 |
| | 指数 | 23 | 59 | 129 | 100 | 74 | 28 | 27 |
| 石炭 | 千トン | - | 17.0 | 67.0 | 96.7 | 38.4 | 30.5 | 31.4 |
| | 指数 | - | 18 | 69 | 100 | 40 | 32 | 32 |
| 金 | キログラム | - | - | - | - | 25.4 | 120.5 | 121.4 |
| | 指数 | - | - | - | - | (100) | (474) | (478) |
| 蛍石 | 千トン | 40.3 | 39.6 | 166.9 | - | - | 6.1 | 5.6 |
| | 指数 | (24) | (24) | | | (4) | (3) | |
| 電力 | kw/h | 256.9 | 3,585.9 | 14,369.2 | 26,768.5 | 8,942.8 | 94.9 | 265.2 |
| | 指数 | 10 | 13 | 54 | 100 | 33 | 0.4 | 1 |
| 熱エネルギー | 千gcal | - | - | - | 93.4 | 28.8 | 38.2 | 71.9 |
| | 指数 | - | - | - | 100 | 31 | 41 | 77 |
| 製材 | 千立方米 | - | 22.2 | 37.7 | 21.7 | 0.3 | 2.2 | 0.3 |
| | 指数 | - | 102 | 174 | 100 | 1 | 10 | 1 |
| テーブル | 千pr.p | 251.5 | 688.5 | 1374.4 | 1691.3 | 717.3 | 338.3 | 180.1 |
| | 指数 | 15 | 41 | 81 | 100 | 42 | 20 | 11 |

出所)『ヘンティ県統計書』2003年、ウンドゥルハーン。
注) 各項目の下段は、1990年を100とする指数。

4)。畜産物加工についての項目がないので、これ以上に実態を統計によって確かめることはできない。しかし、この表によれば生活必需品と地域材原料利用の産業が、社会主義時代に拡大・増加され、1990年にピークを迎えていることが分かる。その後、市場経済移行のなかで、競争に勝つことが出来ずに生産が縮小し、生活必需品も商品として地域外から流入するようになったことが示されているのである。

　現地聞き取り調査によればドルノド県センターであるチョイバルサンには、1990年以降閉鎖されていた製造業（社会主義時代に創設）——製粉・パン工場、

洗毛工場、食肉工場、自動車修理工場など——がそれぞれに小規模ながら復活・更新し、また、清酒工場が開設されるなど、産業都市としての様相を取り戻しはじめていた（島崎 1997）。

しかし、ヘンティ県では、社会主義時代の「遺産」も小さく、新設産業の動向もまだ弱いのである。ガルシャル・ソムでは、共同組合を中心として小規模な畜産物加工工場を設立しようという動きが話題になっていた（例えば、洗毛工場、毛糸編製品など）が、創業の現場を確認することは出来なかった。

## 4　社会インフラ

モンゴルには、行政単位として県（アイマク）が21、各アイマクの下位に郡（ソム）が3から27置かれ計330ソム（ダルハン、ウランバートル両市を除く）となっている。ソムのさらに下位にバグという行政単位がおかれているが、ここではソムまでを検討する（小貫 1993）。アイマクには県行政庁がおかれるアイマク・センターが、ソムにはソム役場があるソム・センターがあり、それぞれに社会インフラが集積されて周辺住民（遊牧民およびその他の定住民）によって利用されている。一般に、行政支所のほかに、学校（義務教育、県センターではさらに高等学校、専門学校、大学などに及ぶところがある）と生徒・学生寮、保育所・幼稚園、病院（人間および家畜のための）、電話・郵便局、文化会館、図書館、郷土博物館、宿泊施設、商店、加工工場、気象観測所などが配置されている。電気エネルギー、水供給・排水施設、通信システム、そして交通機関・道路なども必要な公共施設・システムである。モンゴル国では、山間地の世帯数の少ないソムにもソム・センターにこのような社会インフラが（規模は小さく、すべてを網羅するわけではないが）設置されているのを見ることができるのである。そしてこれらは「社会主義の遺産」である場合が多い。

ガルシャル・ソムのソム・センターにも、このような公共施設が設置されている（図3）。また、農業協同組合の事務所・宿泊施設が一棟あり、人民革命

図3　ガルシャル・ソムの社会インフラ

| 項目・内容 | 従業者数 |
|---|---|
| ＊ソム役場 | 15人（男10、女5） |
| ＊学校　　義務教育（8年制） | 11クラス、生徒総数・257人（男154、女103） |
| ＊寮 | 寮生―50人（男30、女20） |
| ＊病院　　　　　　　　10ベッド | 医師2人（男1、女1） |
| ＊家畜病院 | 医師6人（男5、女1） |
| ＊文化会館と図書館 | 女3人と男1人 |
| ＊郷土博物館　　　　　　なし |  |
| ＊気象観測所 | 4人（男1、女3） |
| ＊電信・電話局<br>　　（ケイタイ電話利用できない） | 2人（男1、女1） |
| ＊宿泊施設　　　　　　16ベッド |  |
| ＊干草倉庫 | 現在はない |
| ＊電気エネルギー | チョイルから回線で配電 |
| ＊水供給 | ソム内の湧水・井戸による |
| ＊道路 | ウランバートル～スフバートル間道路は舗装されているが、ソム内には舗装道路はない |

出所）2007年の聞き取りによる。

　党事務所などと併せて都市機能を増強しているが、さらにこのソムに特徴的なものとして、干草倉庫――旱魃・雪害などによる冬～早春の草不足に備えるために、公共の草刈場において皆で共同して刈り入れた草を干草として公共倉庫に保管する――がある。

**参考文献**

State Publishing House, Ulaanbaatar Mongolia,（1989）" Mongolian Geology ".
小貫雅男（1993）『モンゴル現代史』（『世界現代史4』）山川出版社。
島崎美代子（1997）「冷戦・社会主義経済の遺産――モンゴル国・チョイバルサン市域を歩いて」『経済と社会』第8号、1997年冬季号、時潮社。
Dandinsuren. M.（1998）" Gold of Mongolia, Investment Guide for Gold Mining ", INTERPRESS.
Project Implementation Unit,（1998）" The Mongolian Action Programme for the 21st Century, MAP 21 ", Editor : Khuldorj,Ulaanbaatar.
ibid.（1999）" MAP 21, Mongolian Programme for the 21st Century ", Edited by

B. Khuldorj, Ulaanbaatar.

坂巻幸雄（2006）「モンゴル鉱業の過去・現在・将来——鉱物資源の枯渇時代を見据えて」『日本とモンゴル』No. 112、第40巻、第2号、2006年3月。

島崎美代子（2007）「ユーラシアの国々はいま ⑨——遊牧社会、21世紀はどこへ？　モンゴルは動き始めた」『日本とユーラシア』第1366号、2007年11月、日本ユーラシア協会。

## コラム　駿馬の表象——馬の歌

島崎美代子

　馬をテーマとする芸術描写がモンゴル国では無数にある。というより、日常生活のなかで、絶えず生み出されているのである。たとえば、友人たちと一緒に夕食をとって酒を酌み交わしているとき、突然、一人が立ち上がって、「いま、馬の歌を創ったから歌います」と声高らかに歌い始めるという風景。遊牧民が大切にホイモル（ゲルの入り口から正面の壁側を占める重要な場所）に祭っている駿馬のひずめを外に持ち出して、机のうえにハダック（青い聖なる絹布）を敷き、そのうえに前脚・後脚のひずめを長四角形の位置において客に見せる、など。その背景には、いつも大切な馬・駿馬の姿が心のなかに座っているということであろう。

　馬に関する歌の本もまた多い。私はウランバートル市へ行くたびに、楽譜つきの歌集を探しもとめるのだが、いま手元には6冊の歌集がある。その中には、馬の歌がいくつも入っている。その中から、誰でもが歌っているという二つを選んだ。その1）は、"しゅるしゅると走る栗毛の馬"であり、その2）は、"勝利を得るとき、障害をのりこえるとき、いつも馬が一緒にいる"という歌である。両曲とも、1960年代後半から歌い継がれているという。

その1） しゅるしゅると走る馬

Уулан дээр унагалсан　　　　　Хадан дээр унагалсан
Ухаагч гүүний унага юм аа хө　Халиугч гүүний унага юм аа хө
Улсын наадамд түрүүлсэн　　　Хамаг наадамд түрүүлсэн
Могой хээр морь юм аа хө　　　Могой хээр морь юм аа хө


その1） しゅるしゅると走る馬

{歌詞の概要}

　　　山の上で産まれた
　　　薄栗毛雌馬の仔馬だよ
　　　国のナーダムに優勝した
　　　しゅるしゅると走る暗黄色の栗毛馬だよ

　　　岩の上で生まれた
　　　白っぽい黄褐色雌馬の仔馬だよ
　　　すべてのナーダムで優勝した
　　　しゅるしゅると走る暗黄色の栗毛馬だよ

その2） モンゴル馬

Яруу алдарт эх орноо
Ялалтаас ялалтанд дэвшүүлэхэд
Ялгуулсан тугаа мандуулахад
Ямагт бид морьтойгоо явсан
　Монгол хүний зориг
　Хэмжээлшгүй ихийн адил
　Монгол морины чадал
　Хязгаарлашгүй их байдаг
Санаа сайтай Монголчууд
Саадыг давсан түүхтэй
Сайтар үйлсийг бүтээхэд
Сайн морь тусалсан удаатай
　Дахилт:

その2） モンゴル馬

{歌詞の概要}

　　名誉な祖国を
　　勝利に導き
　　勝利の旗を掲げるとき
　　いつも馬が一緒にいた

　　　モンゴル人の意志が
　　　無限に大きいように
　　　モンゴル馬の力は
　　　無限である

　　心の良いモンゴル人たちが
　　障害をのりこえた歴史をもつ
　　良いことを達成したときには
　　良い馬が援けたときがある

# 第6章 モンゴル東部地域の協業組織と牧畜経済

鬼木　俊次

　モンゴルの牧民の生活は自給自足的で個々の世帯が独立して生計を立てているように見えるが、この遊牧社会にも世帯同士の「協業」は存在する[1]。社会主義経済が崩壊し、自由主義経済の荒波に放り出された牧民にとって、互いに助け合いながら生計を立てることは重要であると思われる。一般に、協同組合は共同での生産物の出荷や資材の購買、貯金や保険事業、技術指導等を行うことで、個々の生産者が互いに助け合い、規模の経済を発揮する役割が期待されている。だが、現在のモンゴルにおいて、協同組合のような協業組織の活動は必ずしも活発であるようには見えない。モンゴルの協業について経営的にどのような課題があり、今後どのような展望を描くことができるのであろうか。この章では、モンゴルにおける牧畜に関する農業協同組合とそれを取り巻く制度および制度変化を概観し、民主化後の協同組合組織の動向を振り返ることで、協業における課題を検討する。また、ヘンティ県の農牧業協同組合の事例を取り上げ、財務面から実際の組織のパフォーマンスを見てみたい。

## 1　協業の組織およびその変化

　モンゴルの牧畜には様ざまなレベルの協業形態が存在する。最も一般的な形態は、数戸の世帯間で労働交換を行うホト・アイルである。また、ホト・アイルを越えた近隣の世帯が共同で労働を行うサーハルト・アイルとよばれる隣組関係もある。ホト・アイルやサーハルト・アイルとして行う仕事は、放牧、乳搾り、家畜の屠殺・出産、草刈り、飼料の購入など多岐にわたる。

さらに規模が大きく、組織として確立された協業体に協同組合がある。モンゴルにおける協同組合の大きさは様ざまである。1998年の協同組合法では、組合は9人以上で設立でき、連合会は2つ以上の組合で設立されることになっている。表1にあるように、最大規模の「モンゴル農業協同組合連合会」(NAMAC) 傘下の組合は平均1,000名以上の組合員を有する。こうした組合の中には、もともと社会主義時代にあったソム（郡）単位の組織が民営化後に改組されたものが多い。NAMAC より規模が小さな「モンゴル牧民協同組合連合会」(MAPHC) 傘下の組合は数十名の規模である。

表1　全国レベルの協同組合連合会

| 連合会 | 組合数 | 組合員数 |
| --- | --- | --- |
| モンゴル農業協同組合連合会（NAMAC） | 76 | 90,207 |
| モンゴル牧民協同組合連合会（MAPHC） | 57 | 1,505 |
| モンゴル産業協同組合連合会（CUMIC） | 252 | 7,787 |
| モンゴル生産・サービス協同組合連合会（UMPSC） | 351 | 3,006 |
| モンゴル貯蓄・信用協同組合連合会（UMSCC） | 11 | 425 |
| モンゴル消費者協同組合連合会（CUMCC） | 139 | 26,665 |

注）組合数は登録済みの協同組合のみ。
出所）国際農林業協力協会（2002）p.12。

1990年代初頭の民主化以前の協同組合（ネグデル）は、実態としては農牧民の自主的な協同組合ではなく、当時の他の社会主義諸国と同様に、社会主義集団体制を構成し、国家の集団的生産体制の実行機関として機能していた。ネグデルは1955年に設立されたが、1960年代より次第に政府の統制が強化され、すべての牧民はネグデルに加入することが義務付けられた。政府は、ネグデルを通じて販売の価格や数量、賃金をコントロールしていた。ネグデルは生産大隊（ブリガード・ヘセック）、生産隊（ソーリ）かなる集団生産体制に組織化され、特定の生産に従事する分業体制が確立していた。

1990年代初頭に起こった社会主義体制の崩壊とともにネグデルは民営化され、有限責任組織、無限責任組織として再編された。この際、資産が1,000トゥグ

ルグ未満の場合は協同組合として登録された。ただし、実態は協同組合と会社（カンパニー）とは大きな違いはなかった。当時、協同組合の概念はよく理解されず、過去の集団農場とは実質的に変わらないと考えられていたこともあった[2]。

1991年には、組合員または従業員には流動資産等を配分するための赤色バウチャー（1人当たり3,000トゥグルク）が配布され、1993年末までに、固定資産等を配分するための青色バウチャー（同7,000トゥグルク）が配布された。当初、238あったネグデルは224の株式会社と14の有限会社に転換されたが、青色バウチャーによりネグデルの家畜や農地、固定資産が販売された。このとき、多くの組織が解体されたが、少数の組織は協同組合として存続した。

1994年、全国の協同組合が全国農業協同組合連合会（NAMAC）として組織された。1995年に協同組合法および会社法が制定され、翌年、これまでの経営体は協同組合か会社として再登録することが義務づけられた。このとき、農業協同組合の目的は利潤追求ではなく農家互助であると定義され、会社の目的とは明確に区別された。しかし、協同組合に対する不信などのため協同組合として登記されない場合も多くあった[3]。たとえば、NAMAC 系統の組合の場合、1995年には82％の組合が有限会社、15％が株式会社として登録され、協同組合として登録されたのは3％であった[4]。しかし、いずれも組合員は総会で1人1票の投票権を持ち、余剰金を分配することになっており、実質的には協同組合であった[5]。

1998年には協同組合法が修正され、それまであいまいであった線引きが明確化された。新しい協同組合法では、国際協同組合同盟（ICA）の原則に基づくこと、各県にモデル協同組合を作ること、組合員の自発的活動によること等が確認された[6]。また、生産、貯蓄・貸付、生活協同組合など部門別に整理されることになった。このように協同組合が正しく認知されるまでに長い年月がかかった。

全国農業協同組合連合会（NAMAC）は全国最大の農業協同組合の連合会

であり、当初はモンゴルのほとんどのソムに組合を持っていた。NAMAC 系統の組合数は、設立当初から減少を続けた。2000年代になって組合数の減少は一段落したが、当初315あった協同組合は、2000年末に119にまで減少した[8]。1組合当たりの組合員世帯数は1994年には平均240戸であったが、2000年には118戸へ減少した。そのため、NAMAC 系統の組合に所属する総世帯数は1994年から2000年までに5分の1になった。2000年の NAMAC の世帯数は、モンゴルの農牧業全体の世帯数の約7％である。このように現在にいたるまでに、モンゴルの農牧業において農業協同組合の役割は限定的である。

モンゴルの畜産物の流通における農業協同組合のシェアも小さい。NAMAC 系統組合の食肉の販売量（年間直接販売2,112トン、委託販売1,298トン）は全国の生産量の約1.7％、また、カシミアの販売量（直接販売40.6トン、委託販売30.3トン）は国内生産量の24％、羊毛の販売量（直接販売386トン、委託販売349トン）は国内生産量の4.3％にとどまる[9]。

農業協同組合の大きなメリットは、資本力を生かして流通等において規模の経済を発揮することである。現在、競争相手である個人商人は全国的に組織化される動きがあり、一方で協同組合の資本状況にも改善の兆しがないことから、

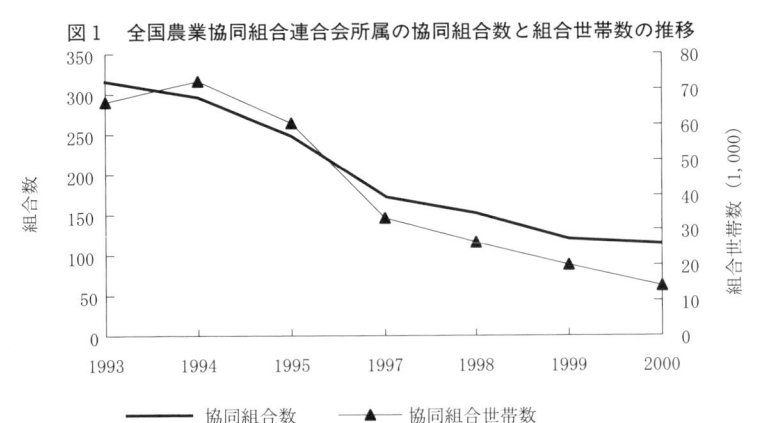

図1　全国農業協同組合連合会所属の協同組合数と組合世帯数の推移

出所）国際農林業協力協会（2002）p.22, 国際協力事業団（1997）T-13。

相対的に協同組合のメリットは小さいようである。組合は売上税を支払うが、個人商人は税金を払わないことが多いので、不利になることがある。政府は協同組合に対して補助や免税措置等をほとんど行っていない。

## 2　農業協同組合の財務状況

本節では、ヘンティ県の農業協同組合の経営状況を調べるため、財務指標を用いる。ここで用いる指標は以下のとおりである。
（1）収益性：
・資本利益率＝経常利益／総資本。資本に対する収益の割合を示す。
・収益率＝経常利益／売上高。販売の収益性を示す。
・資本回転率＝売上高／総資本。資本利用の効率性を示す。
（2）流動性：
・流動比率＝流動資産／流動負債。短期支払い能力を示す。大きいほどよい。
・固定資産比率＝固定資産／自己資本。長期支払い能力を示す。小さいほどよい。
・自己資本比率＝自己資本／総資本。経営の安定性を示す。高いほどよい。
（3）生産性：
　組合1世帯当たりの収益、売上高、畜産物販売高、配当金を示す。

表2にあるとおり、ヘンティ県の中ではガルシャル・ソムの組合Aは、資本回転率が高く、資本に対して効率的に収益を上げていることが分かる。また流動比率が高く、固定資産比率も低いため、支払い能力から見ても経営は健全といえる。実際、1人当たりの収益が高いなど、生産性が高い。この組合は、1世帯当たりの畜産物の販売収入が多く、日用品の購買による収入も多い。収入に占める割合は、販売が42％（肉の販売25％、羊毛・カシミアの販売13％、干草の販売4％）であるのに対して、食品等の日用品の販売が28％ある。その他、

表2　ヘンティ県の農牧業協同組合の財務比率

| ソム | 協同組合 | | | | | | |
|---|---|---|---|---|---|---|---|
| | A | B | C | D | E | F | G |
| | ガルシャル | ガルシャル | バヤンアドラガ | ヘルレン | ヘルレン | ヘルレン | ムルン |
| 収益性指標 | | | | | | | |
| 　資本利益率 | 5% | 2% | 8% | 2% | 2% | 0% | 1% |
| 　売上高対利益率 | 4% | 5% | 7% | 13% | 4% | -10% | 2% |
| 　資本回転率 | 120% | 40% | 126% | 14% | 50% | 5% | 33% |
| 流動性指標 | | | | | | | |
| 　流動比率 | 384% | 93% | 76% | 48% | 19% | 1% | 5% |
| 　固定資産比率 | 11% | 48% | 121% | 209% | 250% | NA | 149% |
| 　自己資本比率 | 83% | 41% | 53% | 24% | 22% | 0% | 61% |
| 組合一世帯当りの生産性（1,000トゥグルク） | | | | | | | |
| 　収益 | 112 | 33 | 16 | 119 | 290 | 17 | -28 |
| 　売上高 | 2,698 | 630 | 236 | 898 | 6,525 | 757 | 263 |
| 　畜産物販売高 | 1,840 | 492 | 0 | 710 | 0 | 0 | 0 |

出所）「2001年ヘンティ県農業協同組合報告書」。

わずかであるが獣医やホテル経営などの収入もあり、収入源が多様であることを物語っている。

　同じソムにある組合Bについては、組合員数が組合Aの約半分、1世帯当たりの売上高は約4分の1である。日用品の割合（7％）は組合Aより多少少ないが、畜産物や干草の販売額の割合は同じ程度である。しかし、1人当たりの収入が組合Aと比べるとかなり少ないため、収益性は高くない。2001年から2005年までに、組合Aは売上高がさらに6％増加したが、組合Bは63％減少した[10]。同じソムにある組合間でも収入構造が大きくことなる理由は、経営の能力や努力、保有する固定資産の違いによると考えられる。その他の組合では、組合Dは畜産物や干草の収入があるが、組合C、組合E、組合Gは小麦や小麦加工品だけを販売しており、畜産物の販売はない。農業を行っている組合は負債が多く、短期、長期の支払い能力は良くない。資本の回転率も県の平均以下である。

こうしてみるとA組合はヘンティ県の農業協同組合の中で特に優れた事例である。他の組合は全体的に財務状況が良くない。特に流動資産が少ない。そのため羊毛など畜産物の買い付けを行ったり、保管したりできないことがある[11]。また、信用・預金活動は活発でない。牧民は預金をする習慣がないので、協同組合の資金流動が低いためである[12]。また、資本に対して経営が効率的ではない。逆に言えば、今後、資本回転率を上げる余地は十分にある。これは、モンゴルの農業協同組合全体に当てはまることで、全国の NAMAC 系統の組合で1998年の黒字経営の組合割合は約半数であった[13]。資本利益率（収益／総資本）と資本の大きさは関係が薄いことから、資本不足の問題よりも経営の効率性が大きな問題であると考えられる。

## 3　協業組織の活性化

現在、モンゴルの牧畜部門において協業組織として有力なものは農業協同組合であるが、必ずしも全ての組合が効率的に経営されているとはいえない。中国商人の資本が入りつつある個人商人との競争に打ち勝つだけの資金力や経営技術を持っていない組合が多い。個人商人は牧民の生産物を低価で買い付け、牧民に高価な商品を販売するといわれるが[14]、実際に組合が個人商人より高く買い付けているという証拠は見受けられない。ヘンティ県において組合間の経営格差は大きく、健全な財務体質を保ったまま収益を上げている組合もある。したがって、ある特定の組合が地理的あるいは経済的に際だって有利な点があるわけではなく、組合トップの経営上の才覚や技術の違いによると考えられる。

　現在の組合には2つの問題がある。まず、組合の関係者は新規投資のための資金が足りないことを挙げることがあるが、実際には資本が有効に利用されていないケースが多い。所有する固定資産が陳腐化している場合もあるが、財務状況も決して良いところばかりではない。政府あるいは国際援助機関は、経営に関する人的能力や組織変革に対する投資を行うべきであろう。経営の効率性

が保証されていないところに、たとえ固定資本の補助を行っても持続的な経営は望めない。ビジネスや技術普及のノウハウや人材育成、組合の組織変革や統治のためのノウハウ提供などに対して重点的に補助を行うことが望ましい。トップの経営能力の開発を行うとともに、組織統治を改善し、組合員から信頼される組織にすることが必要である。

　もう一つの問題は、協同組合は組織が大きすぎて、互いの信頼関係が築きにくいということがある。社会主義時代のネグデルを想起し、組合に対する反発を持つ人も少なからずいる。そのため、数人〜数十人単位の互いの顔の見える協業組織が必要であろう。最近、国際援助団体や国際機関のプロジェクトとして比較的小規模の牧民グループを作る動きがある。たとえば、米国開発局や国際開発協会のプロジェクトは、収入源の多様化のために牧民グループによる様ざまな活動を支援している[15]。こうした新しい動きが定着するかどうか現段階では明かではないが、新しい協業組織のあり方を考えるうえで注目に値する。

　注
1）　協業とは狭義では協同組合の共同作業を意味することがあるが、本稿では広義に用いて、組合の有無にかかわらず複数の労働者が共同して作業を行うことを示す。
2）　国際農林業協力協会（2003）p. 7。
3）　白石（2001）p. 51。
4）　国際協力事業団（1997）T14（19）1-14。
5）　国際協力事業団（1997）S6（19）1-14。
6）　白石（2001）p. 51。
7）　国際農林業協力協会（2003）p. 9。
8）　国際協力事業団（1997）pp. 2-22。白石（2001）p. 55。国際農林業協力協会（2002）p. 22。
9）　NAMAC販売量のデータは国際協力事業（1997）pp. 1-16。モンゴル国内の2002年の肉の総屠殺量は合計20.4万トン、カシミア2,900トン、羊毛17,000トンである（Mongolian Statistical Yearbook（2002））。

10) NAMAC 資料（2005）。
11) 国際農林業協力協会（2003）p. 32。
12) 国際農林業協力協会（2003）p. 32。
13) 白石（2001）p. 51。135の組合のうち73（54％）が黒字である。
14) たとえば国際農林業協力協会（2003）p. 33。
15) 米国開発局の Gobi Regional Economic Growth Initiative Project では、現在約1万人の牧民が250のグループを作って所得増加のための様ざまな事業を行っている。国際開発協会（世界銀行の一部門）の支援で実施されている Sustainable Livelihoods Project は、草地利用地図を用いた営地の持続的管理や牧民グループによる井戸管理、マイクロファイナンスによる所得向上活動を行っている。

**参考文献**

国際協力事業団（1997）『農牧業協同組合改善計画調査――主報告書』No. 11。

白石正彦（2001）「農牧業の構造変化による農牧業協同組合の特質と支援方策の課題」、『モンゴル国農業学術調査報告書』東京農業大学生物産業学部生物資源開発研究科、pp. 47-55。

国際農林業協力協会（2002）『開発途上国等農民組織基礎調査――モンゴル』第1年次報告書。

国際農林業協力協会（2003）『開発途上国等農民組織基礎調査――モンゴル』第2年次報告書。

National Statistical Office (2003) Mongolian Statistical Yearbook 2002, Ulaanbaatar.

# Part 3　光の部
―― 馬にこだわる地域の政治と将来計画 ――

本パートでは、セツェン・ハン地域の牧畜と馬文化の未来を展望する手がかりとなる、政治・行財政の構造や将来計画について論じる。

# 第7章　地方行財政とヘンティ県

村井　宗行

　本章の目的は、地域社会（＝地方）の行財政構造とその動態を解明し、その具体例としてヘンティ県における地域推進力をさぐることにある。

## 1　地方行政構造

　地域社会（＝地方）の動態をみる前に、その政治構造を説明しなければならない。

　周知のように、モンゴルの行政構造は、21の県からなり、その下部に「ソム」、「バグ」という縦割り構造を持つ。これに、特別市として首都ウランバートル市があり、この下部の行政機関として「ドゥーレグ」（「区」に相当）、「ホロー」がある。

　すなわち、モンゴルにおける地方自治体地方の行政構造は、［県、ウランバートル市］、［ソム、区］、［バグ、ホロー］からなっている。

　モンゴル国憲法（1992年）の規定では[1]、「各地方自治体は自治と中央集権との結合した統治形態である」とされる。すなわち、各地方自治体の「自治」が認められ、「各自治体は住民代表評議会（地方議会）および常設であるその幹部会によって統治される」（第59条第1項）。

　この住民代表評議会（地方議会）は、モンゴル国最高立法機関である国家大ホラル（国会）が4年ごとに改選された後、1ヶ月して実施される。実際は、事務的な手続などにより、数ヶ月後になることがある。例えば、2004年実施の国家大ホラル（国会）議員選挙が2004年6月27日に実施され、住民代表評議会

(地方議会）選挙は2004年10月17日に実施された。

　各住民代表評議会（地方議会）議員の任期は4年で、選挙によって改選される（第59条第3項）。これは国家大ホラル（国会）に準ずる。

　各地方自治体の住民代表評議会（地方議会）はその首長を推薦し、首相はウランバートル市長と県知事を任命し、ウランバートル市長と県知事が区、ホロー、ソム、バグの首長をそれぞれ任命する。その任期は4年である（第60条第2項）。

　すなわち、国家最高立法機関（国家大ホラル）によって最高行政機関（中央政府）の首長（＝首相）が推薦される、という権力構造が、地方自治体である県、ウランバートル市とソム、バグ、区、ホローでも貫徹されているわけである。

　こうして、モンゴルが中央行政府の首長である首相によって行政統治されるのと同様、各地方自治体は首長によって行政統治される（第60条第1項）。

　また、モンゴル国行政法（1993年）では、（中央）政府は県知事の権限を監視し、中央集権を行うことができる（第12条第7項）と規定している通り、地方自治体は中央政府によって大きく規制を受けている。

## 2　地方財政構造

　次に地方の財政構造に移る。

　D.ドゥゲルジャブ著『モンゴル国の財政・銀行に関する権利規則』[2]によれば、地方自治体は年度予算歳入歳出を持つ。すなわち、県、ウランバートル市の予算歳入は次の項目から成る。

(a)税収

1　県、ウランバートル市に居住する企業経営単位の所得税、付加価値税、特別税

2　ウランバートル（居住）税

3　地下資源採掘料
4　地代
5　水資源使用料

(b)税収外収入

1　国有経営単位の収益
2　県、ウランバートル市所有資産の売却益
3　利息、罰金
4　その他の収益


また、ソム、区の予算蔵入は次の項目から成る。

(a)税収

1　ソム、区に居住する企業経営単位の所得税、付加価値税
2　国民の所得税
3　運輸・通行税
4　財産贈与税
5　不動産税
6　銃登録税
7　スポーツ、文化施設の収益金
8　収入印紙料
9　狩猟魚釣り許可料
10　地下資源以外の資源採集許可料
11　自然に係る許可料
12　市場入場料
13　森林資源利用料
14　鉱物資源利用料
15　鉱泉利用料
16　その他の収益

(b)税収外収入
1　ソム、区居住の企業経営単位の所得税
2　ソム、区所有資産売却益
3　利息、罰金
4　その他の収益

　他方、歳出については、それぞれ次の項目から成っている。
県、ウランバートル市の予算歳出
1　資本投下
2　自然環境保護費、地下資源探査費
3　教育、科学、文芸、保健体育への必要経費
4　地方公務員給与
5　その他の費用
ソム、区の予算歳出
1　資本投下
2　自然環境保護費
3　社会、文化施設維持費
4　職員給与
5　その他の費用

　すなわち、国家歳入歳出構造に相似の形で、地方予算歳入歳出が編成される。
　そして、国家予算（案）が中央政府によって作成され、その首長である首相によって国家大ホラル（国会）で審議され承認されるのと相似形で、地方自治体予算（案）は、当該首長が作成する権限を持つ（予算法第51，52，53条）（同上書：19）。
　その場合、この予算（案）編成の特徴は、国家大ホラル（国会）が地方予算の規模を決定するということにある。さらに、県、ウランバートル市住民代表

評議会（地方議会）がソム、区の予算規模を決定する[3]。従って、国家予算と地方予算は密接な関連がある（同上書：25）。[4]

そして、下級地方自治体予算は、上級地方自治体首長によってその規模を削減される傾向にある（同上書：27）。

その審議過程は、県、ウランバートル市住民代表評議会（地方議会）が予算案を承認した後、ソム、区住民代表評議会（地方議会）が予算案を審議し承認する。具体的に言えば、国家大ホラル（国会）が12月1日以内に国家予算を承認した後、県、ウランバートル市住民代表評議会（地方議会）が12月以内に地方予算を承認し、それを受け、ソム、区住民代表評議会（地方議会）が12月以内に予算を承認する。

このように、地方自治体財政は、国家財政に大きく依存する。

しかも、この地方予算は歳出が歳入を常に上回る赤字予算となっている。これを、『ヘンティ県の21世紀安定発展プログラム』[5]によって見てみると、表1の通りである。また、『東部地域の安定発展プログラム』[6]で東部3県を見ても（表2）、同じ傾向を示していることが分かる。

表1　ヘンティ県予算歳入歳出

|  | 1990年 | 1995年 | 2000年 |
|---|---|---|---|
| 歳入（単位百万トゥグルク） | 72.5 | 618.9 | 1044.4 |
| 歳出 | 109.8 | 1792.1 | 4624.5 |
| 予算歳出に歳入の占める割合（％） | 66.3 | 34.5 | 22.4 |

出所）『ヘンティ県の21世紀安定発展プログラム』p. 43。数字はそのまま。

このように、地方財政は常に赤字になっている。そして、前掲書『ヘンティ県の21世紀安定発展プログラム』が述べるように、「予算歳出の原資は、その約30％を当該県予算歳入から捻出し、残りは国庫補助金によって（その赤字を）補塡している」(p. 1)。

こうして、法制面からも実際の財政面からも、地方自治体は上部団体である中央政府に「規制」され、従属せざるを得なくなっている。

表2　東部3県の予算歳入歳出

| 県名 | ドルノド | | |
|---|---|---|---|
| 年度 | 1995 | 2000 | 2001 |
| 歳入（単位百万トゥグルク） | 804.9 | 8128.2 | 1579.6 |
| 歳出 | 1579.5 | 4301.5 | 4633.8 |
| 予算歳出に歳入の占める割合（％） | 51.1 | 25.2 | 34.1 |
| 県名 | スフバートル | | |
| 年度 | 1995 | 2000 | 2001 |
| 歳入（単位百万トゥグルク） | 412.4 | 521.4 | 717.9 |
| 歳出 | 1629.0 | 3838.4 | 4055.9 |
| 予算歳出に歳入の占める割合（％） | 25.3 | 13.6 | 17.7 |
| 県名 | ヘンティ | | |
| 年度 | 1995 | 2000 | 2001 |
| 歳入（単位百万トゥグルク） | 618.9 | 1122.4 | 1494.8 |
| 歳出 | 1792.1 | 4681.8 | 5336.4 |
| 予算歳出に歳入の占める割合（％） | 34.5 | 23.9 | 28.0 |

出所）『東部地域の安定発展プログラム』p.37。数字はそのままだが、指標の一部誤りを訂正。

## 3　ヘンティ県行政の特徴

　次に、ヘンティ県行政の特徴を見るために、国家大ホラル（国会）議員選挙を分析してみる。ここでは、ガルシャル、バヤンホタグ、ダルハンの3つのソムを中心に紹介する[7]。

　ヘンティ県の人々は、1992年には首相であったビャンバスレンと副首相であったガンボルドを支持した。ビャンバスレンは元来「民主同盟」寄りであった。ところが中央政府は民主同盟とは対立する人民革命党によって構成された。そこでヘンティ県の人々は1996年には、人民革命党政府に反対し、当時野党の民主同盟候補者3人を支持した。そして次の2000年には、腐敗を極めたこの民主同盟政権を見限り、人民革命党候補者3人を選出した。特に当時最年少のフレルスフの当選が注目される。2004年には、人民革命党候補者3人が当選した。だが今度は、それにバランスをとるかのように、2004年の住民代表評議会（地

表3　ヘンティ県の国家大ホラル（国会）議員選挙結果（注8）

| 1992年 | ガルシャル | バヤンホタグ | ダルハン |
|---|---|---|---|
| 有権者数 | 1198 | 1054 | 1094 |
| 有効投票者数 | 1150 | 1021 | 1025 |
| Д.ビャンバスレン | 873 | 822 | 849 |
| （人民革命党、後民主復興党） | (75.9%) | (80.5%) | (82.8%) |
| Н.ガンビャンバ | 615 | 541 | 538 |
| （人民革命党） | (53.5) | (53.0) | (52.5) |
| Ч.ガンウルジー | 537 | 430 | 415 |
| | (46.7) | (42.1) | (40.5) |
| Д.ガンボルド | 476 | 447 | 417 |
| （民族進歩党） | (41.4) | (43.8) | (40.7) |
| 1996年 | ガルシャル | バヤンホタグ | ダルハン |
| 有権者数 | 1390 | 1067 | 3721 |
| 有効投票者数 | 1327 | 1033 | 3721 |
| О.エンフトヤ | 751 | 611 | |
| （民族民主党） | (59.7) | (61.1) | |
| Ц.バルダンドルジ | 312 | 322 | |
| | (24.9) | (32.2) | |
| Ж.レンツェンアムガラン | | | 1281 |
| | | | (36.8) |
| Н.トゥブシントグス | | | 1865 |
| （社会民主党） | | | (52.1) |
| Н.ガンビャンバ | 433 | | |
| | (23.5) | | |
| Д.ガンボルド | 1323 | | |
| （民族民主党） | (71.0) | | |
| 2000年 | ガルシャル | バヤンホタグ | ダルハン |
| 有権者数 | 1554 | 1152 | 911 |
| 有効投票者数 | 1327 | 1033 | 849 |
| У.フレルスフ | 508 | 538 | |
| （人民革命党） | (39.5) | (54.4) | |
| С.ジャルガル | 638 | 166 | |
| | (49.7) | (16.9) | |
| Н.ガンビャンバ | | | 479 |
| （人民革命党） | | | (57.7) |
| Н.トゥブシントグス | | | 52 |
| | | | (6.3) |
| Д.アルビン | 3261 | | |
| （人民革命党） | (44.0) | | |
| Ч.エンフタイバン | 2887 | | |
| | (38.9) | | |
| 2004年（暫定） | | | |
| Д.アルビン | (51.2%) | | |
| （人民革命党） | | | |
| Ж.オヨンバータル | (48.54%) | | |
| Б.バトエルデネ | (52.45%) | | |
| （人民革命党） | | | |
| Д.ガンボルド | (47.48%) | | |
| У.フレルスフ | (50.97%) | | |
| （人民革命党） | | | |
| С.ジャルガル | (48.97%) | | |

出所）『ウヌードゥル新聞』2004年6月29日付。

方議会）選挙[9]では、民主同盟の流れをくむ「祖国・民主」同盟が多数派を占めた。その結果、「祖国・民主」同盟20人[10]、人民革命党9人、無所属1人の構成となった。そして、評議会から推薦され、首相によって任命された民主党のジャルガルが県知事になって、2000～2004年の人民革命党多数派時代の知事H. ガンボルドと交代した[11]。

このように、ヘンティ県は、首都ウランバートル市に近いせいもあって、中央政府の施政に直接影響を受け、特にそれは批判的な傾向となってあらわれている。

## 4　ヘンティ県財政構造の特徴

では地方財政構造は、ヘンティ県ではどのようになっているだろうか。

2004年にヘンティ県知事に就任した上記のジャルガルの施政方針をみてみよう。その柱は次の6項目から成っている[12]。

1）モンゴル政府の施政方針の実行
2）民主主義、公正、公開性の原則
3）民生の向上
4）県の人的資源の有効活用
5）外資誘致
6）長期的展望（15～20年）に立脚した施策

そして、その具体的施策としては、以下の政策を掲げている。

Ⅰ、地域指導部、住民の参加

行政機構の統合

「行政電話（イトゲリーン・オタス）」設置[13]

モンゴル政府の「電子政府」計画の実行（コンピュータ55台設置）

全ソム、バグに施政方針通達

県の人々延べ4,500人と直接面談

日本との関係強化

II、社会政策

小規模営業者（150戸）に560万トゥグルクの融資

「子供支援金計画（フーフディーン・ムング）」により１万5,000人の子供に支援金を支給[14]

III、経済政策

家畜数の増加し160万頭に達した

第１回中小企業展覧会開催

IV、自然環境保護


　このように、ヘンティ県知事ジャルガルは、中央政府の施政方針を忠実にヘンティ県で実行していることがわかる。

　ところが、彼自身が「県の施政方針を批判する新聞による非難中傷（がある）」と述べているように、各ソムではこの施政方針は不評のようである。何故か。

　ヘンティ県は、スフバートル県、ドルノド県と共に、東部地域を構成している。当該地域は将来、北東アジア地域構想の要諦になる。また、モンゴルの海洋への出口の起点となることが予想されている。

　そのため、日本政府およびその下請機関も虎視眈々と「援助」に余念がない。一方、モンゴル側も、バガバンディ大統領が2005年１月29日から２月２日にかけてヘンティ県に地方視察を行って、将来を見据えた対策を立案している。

　モンゴル発展のカギの一つは、中小零細企業の自生的発展にある。モンゴル政府ももちろんそれを自覚しており、商工業省が「中小企業支援基本計画」を策定し、中央・地方での会議・聞き取りを行っている。ヘンティ県でも政府とヘンティ県の中小企業主との集会が開かれた（2005年２月28日）。

　その中で、ヘンティ県の中小企業主たちがその苦情を訴えていた。その苦情は、例えば次のようなものである。ロシアとの三大合弁企業の一つ、モンゴル

ロスツェベトメト社[15]が1,700万トゥグルクの飲料水利用料を地方予算に納入していないにもかかわらず、中小企業に課せられる付加価値税が高額である、国内産小麦粉の市場競争力が弱く、政府保護が必要である（中国やロシアの価格の方が40～50％安価）（「ボーダイン・ツァツァル」社（農業）副社長）。

　工場賃貸料（月額10万トゥグルク以上）を払っているので自前の工場を建てるために融資を受けようと思うが、返済期間が短く、利子が高い（8％以上）、担保が必要である、設備を担保にできるようにしてほしい（「ヘルレン」飲料工場主）。

　ウランバートルから建築資材を運んでいるので、運送料が高額である、地元に煉瓦工場が必要である（「バヤン・ウンドゥル・マナル」社長）。

　3年前から営業している、設備更新が必要になっている、資金がない（「オラン・ヒーツ」木工工場主）。

　こうした記事を掲載したウヌードゥル新聞（2005年03月01日付）は、〈（ウランバートルの）大企業によって締め出されるヘンティ県の中小企業の訴え〉という見出しを付けている。

　ヘンティ県は、ウランバートル市から比較的近く、バガ・ノール中央電力網から電力が供給され始めた。ホルショー（協同組合）の活動も活発である。その県で、合弁大企業寄りの政策がとられる一方で、中小企業の発展が阻害されているのである。

　ヘンティ県の人々の不満も募る。上述のように、国家大ホラル（国会）議員選挙（2004年6月27日）では、人民革命党がヘンティ県3議席を独占したにもかかわらず、地方議会選挙では敗北した。その要因の一つには中小零細企業主の不満があったと考えられる。

## 5　地域住民の新たな胎動

　では、この地方発展の起動力であるともいえる「中小零細企業」にはどのよ

**写真1**　「ボヤント・オルギル・ボラグ・ホルショー（協同組合）」が経営する小売店舗。

ガルシャル・ソムの中心部にある。どういう訳か、この建物の隣に「卸売店舗」が併設されている。また、この建物の一部を使って、コンピュータ教習室がある。村井宗行撮影。

うなものがあるか。われわれはその中のひとつとして、ホルショー（協同組合）の活動に着目した。

　そこで、ヘンティ県、ガルシャル・ソムを中心に活発に活動する、「ボヤント・オルギル・ボラグ・ホルショー（協同組合）」をみてみる。

　このホルショー（協同組合）については、筆者たちは2002～2004年に調査をしていた。そのインタビューにおいて2002年8月18日、「ボヤント・オルギル・ボラグ・ホルショー（協同組合）」理事長デリーラーは、すでに以下のように語っていた（面談調査による）。すなわち、ネグデル（農牧業協同組合）が1991年に解体し、1,658組合、12万4,000頭が民営化された。そうした渦中の1993年に「ボヤント・オルギル・ボラグ・ホルショー（協同組合）」が設立され

た。その後、1998年に新ホルショー法が可決された。

　当該ホルショーは、設立されてから10年後の2002年に、政府より表彰された。

　その活動は、1）小売り、2）農産物卸売り（牧民から購入）、3）草刈してからの販売、4）トラック輸送、5）4バグ、ソム・センター（＝ガルシャル・ソム）にパン屋、ケーキ屋、バー設立、6）貯蓄、貸出し（新婚ローン、教育ローン、入院ローン）業務、などの多岐にわたっている。

　現在（調査時）、組合員は243人、家畜が1万2,000頭、トラクターが5台、車が4台、小規模工場として、繊維、シャツ工場、羊毛加工工場（帽子製作）を所有する。

　これらの事業における特徴点として、デリーラー氏は次の諸点をあげている。

　①ホテルも開設予定である（2003年夏調査で、われわれはそのホテルに泊まった）。リゾート施設（季節、今後は通年に）の運営、競馬や結婚式などの主催など。

　②人材や専門家（会計、経済専門家）が多く、コンピュータを所有している。

　③1年間の総売上高が1億5,000～2億トゥグルクで、食肉売上もある。牧民所得（年間）が85万～125万トゥグルクで、従業員所得（月間）が5万5,000～6万トゥグルクである。

　④1,500万トゥグルクを国家予算に納入し、純益が1,000～1,200万トゥグルク。組合員に配当が支払われている。

　⑤ホルショー所有家畜を遊牧する牧民と1年間請負契約している。

　⑥病院、幼稚園、ナーダム費用援助などに、30万～50万トゥグルク援助している（現金、労働、現物で）。

　⑦現金で車購入を購入したり、組合員に融資したりしている。

　⑧カシミアを共同で売っている。

　⑨インストラクターを招聘し、自動車運転を教える。

　⑩駿馬の売上が100万～200万（300万）トゥグルク（自動車1台に相当）である。ラクダ改良（ウムヌゴビ県より）、山羊（ハイドラグ種）購入（バヤンホ

ンゴル・県より）も行っている。

⑪組合員と非組合員との所得差が72～120万トゥグルクになる。ボーナスとして、82万トゥグルクを支給している。

⑫低利ローンを供与し、干草を40％価格で販売する。

次に、加入資格は、加入申込書を組合員が話し合って承認する。入会費は5,000トゥグルク、最低組合費が1万5,000トゥグルクで、外国人も加入可である。

ホルショーの規約についていえば、その「規約書」を筆者は入手している。それによれば[16]、その「前文」で、政府が2003年を「ホルショー（協同組合）発展支援の年」としたのを受け、さらには、「ホルショー（協同組合）連合」第4回大会決定を基にして、以下の規約を作成したと述べ、四ヶ条に亘る規約（改正）を策定している。以下がその骨子である。

〔1〕理事会、経営方法改正では、1、節約し、収益をあげ、会計を確立し、各営業活動を改善する。2、欠点を隠さない。3、各自が責任を持つ。4、営業所責任者の責任。5、勤労者の責任。6、成果をあげる。7、意欲的に働く。8、各営業所はこの規約を理解する。

〔2〕活動内容では、1、コンピュータ研修、学校との連携。2、政府支援の「卸売ネットワーク」との連携（ドルノド県、スフバートル県との連携）。3、パン製造業の拡大。4、ガソリン・スタンド営業の改善。5、倉庫業の改善。6、寺廟改修への参加。7、ジャガイモ、野菜栽培。8、フェルト製造。9、広報活動の強化。10、店舗、バーの改修。11、ウランバートル市、ウンドゥルハーン市（県センター）に支店を置く。

〔3〕農牧業生産では、1、ホルショー（協同組合）所有家畜を2003年に1万頭にする。2、家畜種改良。3、酪農工場をソム・センター（ガルシャル）につくる。4、乳製品の生産委託。5、ホルショー（協同組合）所有家畜への烙印の実施。6、家畜小屋建設のための資材の準備。7、家畜小屋のための資材の製造。8、飼料用牧草300～500トンの準備。

〔4〕その他では、1、ヘンティ県、スフバートル県、ドルノド県、トゥブ県が参加する「ホルショー（協同組合）東部地区連合」に参加する。2、組合員の借入金を60％下げる。3、研修を年4回行う。4、総会を2003年3月初めに開催する（5、6、省略）。

組合理事長 H. デリーラー（署名）

さらに、2003年8月4日にわれわれが行った調査では、ボヤント・オルギル・ボラグ・ホルショーは、建築材料販売店を設立し、ウランバートルから車2台で材料を買付け、冬も開店している。

自家発電のホテルも設立した（上記のように、著者たちはそのホテルに宿泊したわけである）。ホルショーのためのセミナーを開催した。

羊毛は買付け時期を見て（高価な時に）売る。羊毛加工は個人ゲルで作り、ホルショーへもってくる。

このように、当該ホルショー（協同組合）は指導者の資質を含めて着実に発展しているようだ。組合理事長 H. デリーラーは、大変意欲的な人物で、指導力がある。2001年にはモンゴル国経済功労者に選ばれている。彼の娘は、ウランバートル市の「財政経済大学」で経営学を学び、Uターンして、ガルシャル・ソム唯一の銀行である農牧業銀行の支店長として、ソム住民のための銀行業務をこなしている。

こうした活動が地方に根を張れば、モンゴルの将来は明るいだろう[17]。

さらに、このヘンティ県の発展を支える起動力として、ウランバートル市在住のヘンティ県出身者からなる「ふるさと委員会」（本書コラム参照）の地道な活動もある。この「ふるさと委員会」は、私たちが調査したバヤンホタグ・ソムにもガルシャル・ソムにもあった。

ガルシャル・ソム第5バグ（ジャルガラント・ブリガード）では、バグの事務所兼集会所を建設しているが、給料は支給されない。「ふるさと委員会」のウランバートル市在住の人々が献金してその資金をまかなっているという[18]。

同じく、バヤンホタグ・ソムでも、「ふるさと委員会」の活動が活発で、「ふるさと委員会」は、優秀な先生を招聘する計画を支援しているという[19]。さらに、著者の知人であるモンゴル国立大学社会科学学部教授バトチョローン氏は、バヤンホタグ・ソム出身の若者たちを自宅に下宿させて、大学に通学させている。

## 6　まとめ

　地方行政構造は、「県、ウランバートル市」—「ソム、区」—「バグ、ホロー」によって成立する。その中で、住民代表評議会（地方議会）議員が4年ごとの選挙によって選出され、彼らが首長を推薦する。その限りでは、地方住民の選挙結果に大きく影響される。これは地方自治の基本である。
　ところが、その地方行政府の首長は上部団体の首長によって任命され、中央政府の施政方針の実施を義務づけられている。一方、財政構造もまた、県知事によってその財政計画が立案されるが、これもまた、中央政府の財政政策の施行を義務づけられている。
　こうして、地方住民と中央政府が、行財政政策において齟齬を生じる余地がある。その典型例をヘンティ県にみることができる。
　ヘンティ県は、東部地域の要諦である。さらに、首都ウランバートルに比較的近く、「ふるさと委員会」の活動を通して、ウランバートル住民との結びつきが残存し、政治的に敏感である。
　また、経済的には、中小企業主の活動が活発で、ホルショー（協同組合）が成長している。この活動が、外資導入による大規模企業体と衝突し、矛盾を激化させている。それがさらに政治に反映し、時の政府に対する反対機運を醸成する。こうして、ヘンティ県の反政府的機運がヘンティ県を動かしていっているのである。

## 注

1） モンゴル憲法については、入門書として、J. アマルサナー・D. サラントヤー・N. チムゲー・B. アマルサナー『法律家向け英語（教科書）』（Ж. Амарсантуяаа（2004）Д. Сарантуяаа, Н. Чимээ, Б. Амарсанаа, *Хуульдад Зориулсан Англи Хэл,* Сурах Бичиг）などが有益。
2） Даш-онолтын Дугэржав（1999）*Монгол Улсын Санхүү, Банкны Эрх Зүй,* УБ.
3） 開かれた社会フォーラム『地方予算の事業過程』（Нээлттэй Нийгэм Форум（2005）*Орон Нутгийн Төсвийн Үйл Явц,* лаанбаатар Хог）、p. 21。以下同じ。
4） 実際は、地方予算が法定の期間（1月末日）に作成されないため、予算歳出（職員給与など）は、融資によって支給されている。
5） *Хэнтий Аймгийн 21 Зууны Тогтвортой Хөгжлийн Хөтөлбөр*（2002）Өндөрхаан Хот。
6） *Зүүн Бүсийн Тогтвортой Хөгжлийн Хөтөлбөр*（2003）Улаанбаатар.
7） 筆者たちは2002年から2005年にわたって実地調査をした地域である。党名を記した人物が当選者。
8） 選挙管理委員会『民主化された国政選挙の資料』（Сонгууий Ерөнхий Хороо（2002）*Ардчилсан Төрийн Сунгуулийн Товчоон,* Улаанбаатар）による。なお数値については出典のままであり、明らかに整合性のない部分も修正を加えていない。
9） 定数は30人。
10） 「祖国・民主」同盟は解散したので、2006年時点では民主党18人、祖国党2人となる。
11） http://gate1.pmis.gov.mn/khentii、による。
12） http://gate1.pmis.gov.mn/khentii、による。
13） 元表現にある「イトゲル」（信頼）という用語は「祖国・民主」同盟の選挙公約で使用されたもの。
14） この政策は、エルベグドルジ政権（2004～2006年）の目玉となっている政策である。
15） 当該会社は、モンゴル・ロシア合弁企業。モンゴル政府持ち株51％、ロシア政府持ち株49％。すなわち、モンゴル最大の国家予算納入企業エルデネト社と同じ形態。ボルウンドゥル・ソムにある。ボルウンドゥル・ソムは、2002年、ダルハン・ソムから分離し、ボロルウンドゥル市として独立し昇格した。

16) その会議が、ボヤント・ボラクで2003年1月20日に開催され、決議された。
17) なお、詳細は筆者の WEB サイト http://www.aa.e-mansion.com/~mmurai/参照。
18) 2003年8月14～16日のガルシャル・ソムでの聞き取り調査。
19) 2003年8月19日のバヤンホタグ・ソムでの聞き取り調査。

コラム　ヘンティ県のコミュニティづくり

島崎美代子

　遊牧業は独特のコミュニティ（「共同体」と表現されることが多い）によって成立している。血縁・地縁を基礎におく多様なコミュニティがそれぞれの遊牧地域に存在し機能しているが、いま、遊牧業に直接関連するコミュニティについて、整理を試み、3つのタイプを得た（第1、2、3図）。以下、図にそって説明する。

　第1図：「草原共同体」（第1の型）は、遊牧業を営む世帯が組んで5畜をつれて草原を歩く基礎的な共同体で、「草原共同体（ホト・アイル）」と呼ばれている。小さい円は遊牧業者の世帯、その2つを囲む中丸は「草原共同体」をしめす。そして、大きい円はソムの境界、扇型に区切ってあるのはバグの境界であり、点線によって行政組織（バグ、ソム）との繋がりをしめしている。細長い四角で囲むのはソム・センター、その中の四角は定住者が居住するソムセンター内のバグである（第1、2、3図に共通する）。

　遊牧民は1世帯で5畜を遊牧するには無理があり、男手2人、女手2人が最小限度必要であるという。男は5畜のそれぞれの遊牧の動きを監視・管理して、「迷い歩き」をふせぎ、狼などの襲来を察知する。馬の調教もまた、男の大切な仕事である。女は、出産・仔育て、そして、搾乳などを担当する。迅速な作業が必要なこともあるので、やはり、各々2人による分担が必要になる。「草原共同体」は通常2世帯、ときに4世帯までの数が見られる。どの世帯と共同するかは、血縁・地縁の両者があり、毎年のように来年の共同相手について話し合いをすることも多い。平均より多数の家畜を飼養する世帯とより少数の家畜を飼養する世帯とが組む例もみられる。草原、草刈場、水（井戸の掘削、使用など）についても、この共同体が関わっている場合が多い。いくつかの「草原共同体」の遊牧・移動範囲を基礎に行政単位としてのバグが設定されおり、さらにソムが設定されている。だが、遊牧は長年の慣習によって地域範囲が定まっているとはいえ、旱魃・雪害など気候の変化に対応する柔軟性をもっている。

　第2図：目的別に組まれるコミュニティ（第2の型）は、バグの境

## 遊牧業に関連するコミュニティの3つの型（第1～3図）

### 第1図：「草原共同体」のコミュニティ（第1の型）

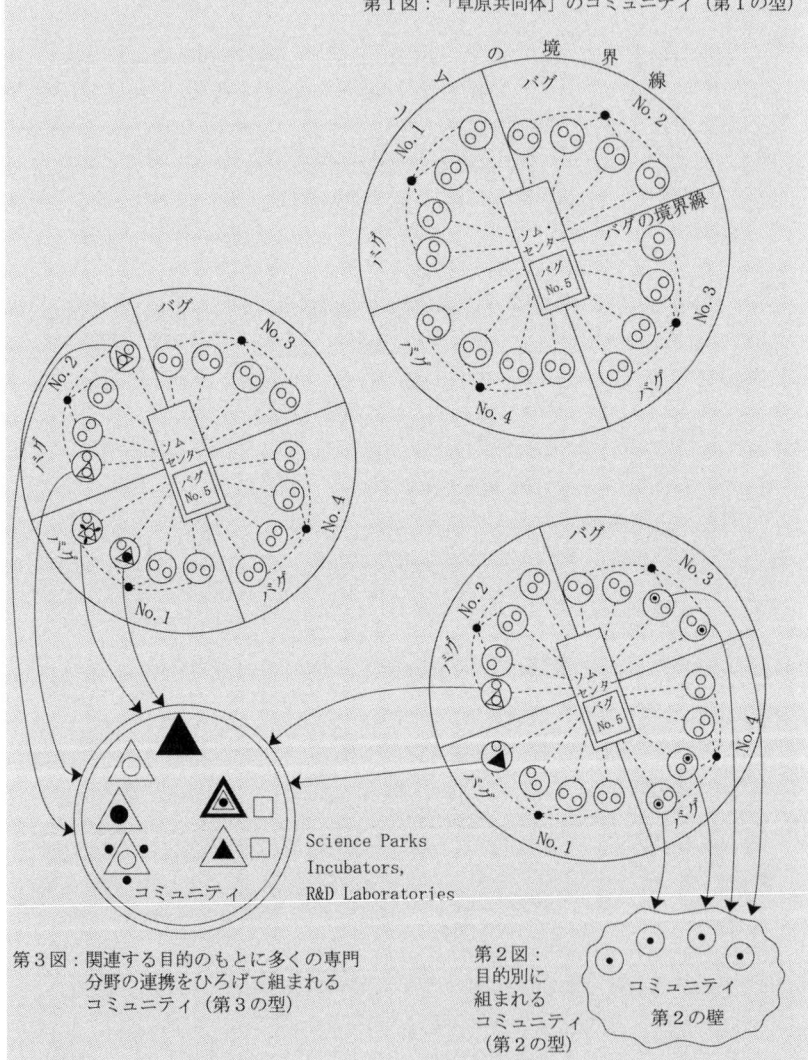

（ソムの境界線、バグの境界線、ソム・センター、バグ No.1～No.5）

### 第2図：目的別に組まれるコミュニティ（第2の型）

コミュニティ 第2の壁

### 第3図：関連する目的のもとに多くの専門分野の連携をひろげて組まれるコミュニティ（第3の型）

Science Parks Incubators, R&D Laboratories
コミュニティ

界をこえて、いくつかの遊牧者世帯が目的によって組むものである。たとえば、畜産生産物（例えば羊革）の販売、干草の購入など、「草原共同体」あるいは各世帯が単独で実施することもあるが、グループを組んで遠距離の市場へ出掛けていく、などの場合が第2の型である。

　第3図：ある目的のもとにソムの境界をこえて、研究機関や関連する専門分野などをも呼び込んで結成する社会的連携組織としてのコミュニティ、ということが出来るであろう。この場合、外国の機関をふくむ例もある。たとえば、家畜の品種改良にかんするプロジェクト、情報技術・施設の導入など。

　ヘンティ県のガルシャル・ソムについてみれば、第1の型については、他の地域と大きな差異はなく、「草原共同体」のもとに遊牧が行われている。第2の型については、ウランバートル市の市場に近いことも作用して、個々人で家畜・家畜生産物を運んでいく事例も多いが、第6章に述べられているように、共同組合の組織によって、遊牧関連の販売・購買がすすめられているのが特徴的であるといえるであろう。また、第3の型については、地縁によるコミュニティが、ソムの学校同窓生を主とする同郷人の繋がりを基に、遊牧民の生活関連に寄与しているのを見た。たとえば、老朽化したバグ役場建物の立替え、集会所、レストランの建設、静養所の維持など、である（後述の〈コラム〉「ふるさと委員会」参照）。

## 第 8 章　地域発展構想と実施計画

島崎美代子、J. ヒシゲジャルガル

　社会主義体制から市場経済への移行にともなう困難な経済状況は、1993〜94年をボトムとして上昇へと反転した。そして、ようやく2003年に1990年水準を超えるに至る（ハシチュルン 2006）。この間にも遊牧業が社会経済の基底にあったために「飢死」などの惨事はほとんど無かったとはいえ、市場経済の浸透に伴い、貧富の格差拡大、失業の拡大、ストリートチルドレンの増加など、多くの課題が現れた。これらの問題を解決して発展への道を切り開く実施計画は、まず、「貧困緩和計画（Poverty Alleviation Program）」（略称 PAP）として1994年にスタートした。詳しくは関連文献（島崎・長沢編 1999）にゆずるが、その特徴は次のところにあった。(1)雇用創出・拡大を中心において、貧困・失業を緩和していこうとする目標をたてている。(2)その計画・実施については、全国レベルから地域レベルに計画が拡大され、着実に実施されていく方策をとった。(3)その際の方策は、「PCM（Project Cycle Management）」手法を用いる「エンパワーメント原理のコミュニテイ開発」の一環として推進され、また、(4)「新しい貧困」概念を基礎におく、という斬新な方策であった（島崎・長沢編 1999：第 5 章参照）。

　この「貧困緩和計画」は1994〜99年の 5 年計画を 1 年延長したが、次の「モンゴル国21世紀実施計画」（以下略称 MAP を用いる）が1998年から発足し、全国レベルから県、さらにソム計画へと進められるなかでそれらに吸収され、他の計画項目と関連のもとに位置付けられるにいたる（島崎 1999）。

　MAP は、「激しい経済成長への過度の集中」ではなく、「長期にわたる持続的発展」を目標にかかげ、つぎの 4 大項目に整理されている。すなわち、第1、

自然資源を利用すると同時に自然環境を保全する、第2、経済の安定性を進め、第3、社会的に豊かな発展をめざす、第4、推進の方法・原理として、「総合性」と「ボトムアップ」をとる、というものである。とくにこの第4の項目に特徴があり、「草の根」活動——地方議会に加えて地域の市民（学校・病院・NGO、女性同盟、その他地域レベルの組織）の活力——を結集しその反映として進めようという内容が強調されている。具体的にヘンティ県について、その概要を紹介すれば、およそ以下のようである。すなわち県レベルの実施計画は4項目についてそれぞれに述べられている。それは、(A)持続的社会発展、(B)持続的経済発展、(C)環境保全と自然資源の利用、(D)実施方法、である。ヘンティ県について、この4項目の内容がどのような力点を置かれているかを見たい（「MAP 21」1999）。

(A)持続的社会発展：まず貧困と失業の減少のために、雇用創出を目標として私企業に税金・金融によって進展誘因を与える。家畜が少ない家族に対して、家畜数増加のためのプロジェクトを実施する。貧困緩和のための方策についての研修を行う。また、健康の保全のため、病院・病気予防のサービスをシステム化し、生活環境の整備（飲料水・共同浴場など）を進める。さらに教育の施設や内容を改善し、文化水準上昇をはかる。

(B)持続的経済発展：社会インフラ（電力、道路など）の整備、エコツーリズムの振興、農耕発展のための環境整備（水路、種子改良、技術の刷新など）、家畜の伝染病対策、鉱山（石炭、金など）開発の技術刷新、食品加工業の技術増進、国内・国外との経済交流拡大を組織的に進める。

(C)自然環境保全と自然資源の利用：企業・個人の土地利用についての保証を考える。牧草地の持続的利用について方策を考える。不耕作地の回復、砂漠化に対抗する方策。産業・サービスによる自然環境に与える影響に配慮する。森林の保全、植林についての方策。飲料水供給、水資源の改善・配慮。野生動物についての情報収集、狩猟制度の確定、生物多様化の利用・保護について。荒地・未開墾地についての管理・利用についての方策。自然災害についての警戒

報道システムの整備、自然災害に備える基金と災害対策物資の貯蓄。自然災害防止のための訓練。

(D)実施方策：女性の地位改善、子どもたちすべてに基礎教育を、若者たちに専門の訓練・教育、雇用と生活水準の向上を与える。企業と個人、若者たちが余暇時間を有効利用するよう実施・指導を支持する。持続的発展の法令化要求を満たすよう行政レベルの決定を強化する。持続的発展に関して情報ネットワークを設定する。持続的発展のための基金を作る。県アジェンダ21を地域発展計画に具体化する。持続的発展を推進するために、金融・経済・税を有効に利用する。

以上のような県レベルの MAP21（1999）をうけて、すべてのソムで地域発展・実施プログラムの策定が進められ、2004年秋には一区切りしたといわれた。そしてその矢先に、新しく「地方行政地域単位の更新と自立的地域発展計画」（案）が提案されたのである。その経緯と内容について検討したい（島崎2006）。

拙稿のなかで、私は次のように書き始めている。

> 2005年のモンゴル国・国会春季議会でエンフバヤル首相は、全国の行政地域を更新する大統領命令について紹介し、この案を検討するために作業委員会を組織して多様な検討をすすめ、数年のあいだにこの政策課題を最終決定したい、と述べた（同上書：69）。

現行の行政地域単位の更新とは、社会主義時代に国営農場・牧民生産組合を設立し、地域の生産物の加工・天然資源の活用などの工業化発展をはかる目標をもって設定された、県・ソム・バグという地域行政単位に基づいている。この行政区域は1990年以後にもほぼそのまま継続され、県・21、ソム・329、首都・1、特別都市・1に分けられ、県およびソムにそれぞれ県センター、ソム・センターを置いて、そこに行政、社会インフラ、加工工業、流通センターなど

第 8 章　地域発展構想と実施計画　153

図1　行政地域を更新する提案図

ロシア連邦

中華人民共和国

コリマ

サヤヌイヤブロノフ山脈
スタノボイ山脈
ヒンガンモンゴル山脈
乾燥
森林
草原
砂漠地帯
草地
ゴビアルタイ山脈
ハンガイ山脈
ウランバートル

500km

——・——　国境線
山山山　新行政地域・州（アイマク）境界線
-----　ミレニアム道路とその支線（案をふくむ）

注 「モンゴルの地誌」小長谷有紀（1993）っろをもとに手を加える

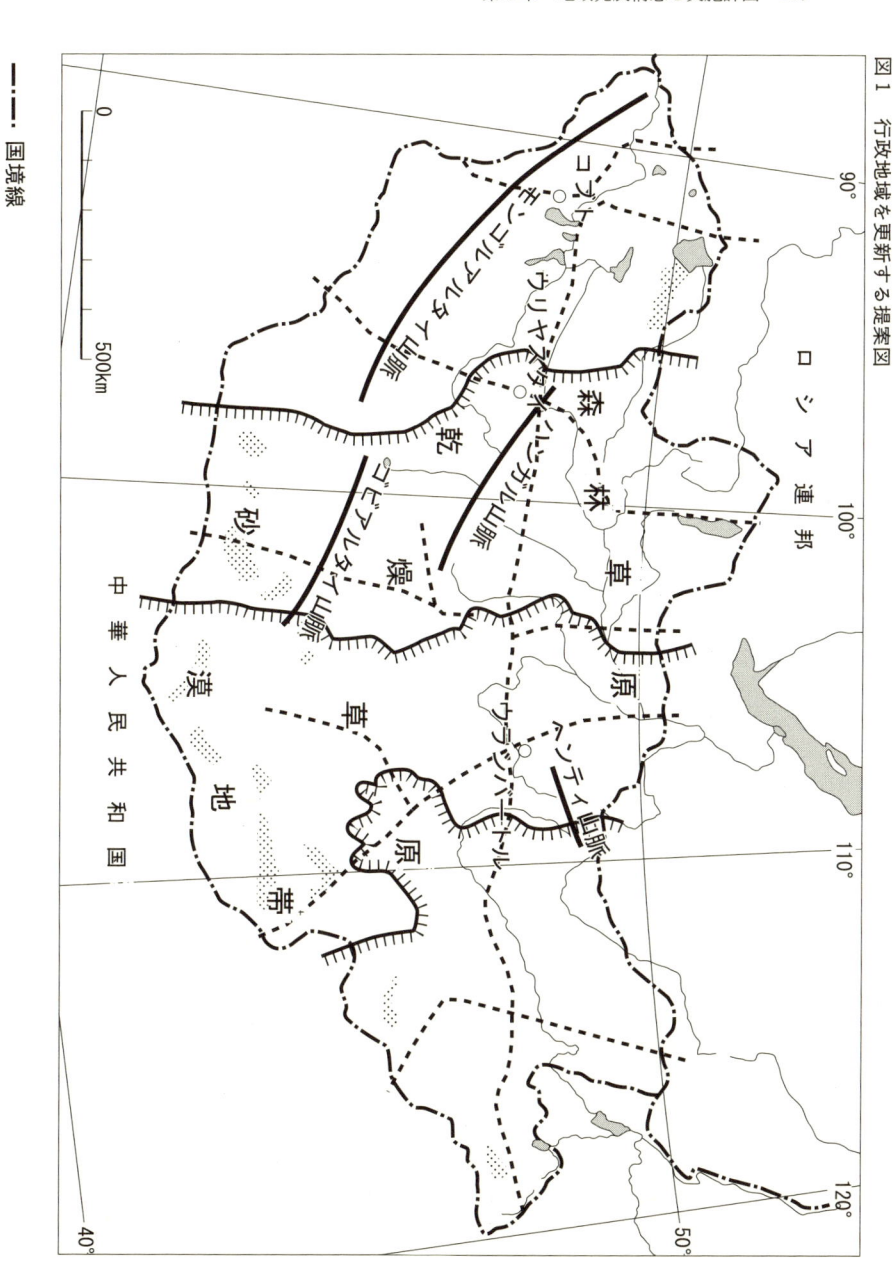

が集積されている。90年以後に、農牧業の組織は改変されて伝統的な遊牧業の方向へと再編されたところも多く、5畜をつれて遊牧民が移動する範囲はしばしばソムの境界を超え、伝統的な移動範囲の拡大が認められることが指摘されている（小貫 1993）。

今回の行政地域単位の更新は、この社会主義時代に設定された行政区画を大幅に変更するもので、州（アイマク）・4、旗（ホショー）・68、ソム・329、都市・26とされている（図1参照）。

この図にみられるように、4つの州（新）は北南に細長い領域に設定されるゆえに、モンゴル国の自然環境上の4地帯（山脈・山塊、森林草原、乾燥草原、砂漠）をそれぞれに含むことになる。そこに、地域複合産業を創生する可能性、自立的地域発展の条件が与えられことになるのである。また、北・南の国境に各県ごとに「陸港」を設定して、ウランバートル市を介さずに外国貿易を開始し発展させる可能性も生じる。旗（新）もまた、ソム（現）をタテ長に統合する方向がとられているので、この空間領域内でも地域複合産業発展の可能性が増大するとみることが出来るであろう。

この旗（新）へのソム（現）統合について、ダルハン、ガルシャル両ソムについて確かめてみたい（図2）。

まず、ダルハン・ソムについてみると、ドルノゴビ県（現）の3つのソム（イヘット、ダランジャルガラン、アイラグ）、ゴビスンベル県（現）、およびドンドゴビ県（現）の3つのソム（ツァガンデルゲル、ゴビオグタール、バヤンジャルガラン）と統合して、セツェン・ザサク旗（新）となる。この旗地域には、ウランバートルからザミンウードに至る鉄道およびその支線（アイラグ～ボルウンドゥル）が通り、この一帯には鉄鋼石、蛍石、石炭、そしてウランなどの地下資源が存在する。採掘・搬出・精錬などが、地域複合産業の一環として発展する可能性が大きくなるであろう。

また、ガルシャル・ソム（現）はヘンティ県（現）の四つのソム（バヤンムンフ、ムルン、バヤンホタグ、ヘルレン）と統合されて、セツェン・ハン旗と

図2　ダルハンおよびガルシャル両ソムの新しい旗（ホショー）としての統合（提案）

出所）「モンゴル国行政機構図」により作成。

なる。この地域には、ヘルレン川流域、湖沼、なだらかな丘陵があり、馬・牛育成にとって良好な植生が豊かである。また、県センター（現）であるウンドゥルハーンも含まれ、まさに"セツエン・ハンの駿馬"の産地として、また、畜産物の加工・流通などを加えて、地域複合産業発展の可能性が拓けると考えられる。

　現在、この新行政地区割り替えを含む政策提言は、各ソムからの意見を待っている。それらが集約され、調整されて、新しい自立的地域発展計画の枠組みと実施政策とがまとまっていくことに期待したい。

**参考文献**

小貫雅男（1993）『世界現代史 4　モンゴル現代史』山川出版社。

Project Implementation Unit（1998）" The Mongolian Action Programme for the 21$^{st}$ Century, MAP 21 " Edited by Dr. B. Khuldorj, Ulaanbaatar.

ibid., (1999) " MAP 21, Mongolian Programme for the 21$^{st}$ Century ", Edited by Dr. B. Khuldorj, Ulaanbaatar.

島崎美代子、長沢孝司編（1999）『モンゴルの家族とコミュニティ開発』日本経済評論社。

島崎美代子（1999）「新生モンゴル国の一側面――もと国営農場地域がかかえる問題」、『世界経営協議会 IMAJ 会報』第99号、2000年1月号。

島崎美代子（2000）「21世紀ヴイジョンとコミュニティ開発――モンゴル国『移行期』における最近の動向について」、ユーラシア研究所『ロシア、ユーラシア経済調査資料』No. 815、2000年5月号。

島崎美代子（2006）「モンゴル国――地域自立的発展に向けての新しい政策提案について」、ユーラシア研究所編『ユーラシア研究』No. 34、2006年5月号。

ハシチュルン（2006）「モンゴル市場経済化15年」、ユーラシア研究所編『ユーラシア研究』No. 35、2006年11月号。

コラム　ヘンティ県ふるさと委員会

　　　　　　　　　　　　　　　　　　　　A. デルゲルマー

　ふるさと委員会というのは、地方から都市部に出てきた人々が自主的に形成する組織である。社会主義時代から活発に活動しており、現在、各県、また多くのソムのふるさと委員会が登録され、定期的に活動している。ふるさと委員会のメンバーには有名な政治家、会社社長、学者、有力なビジネスマンもいる。ふるさと委員会は、自分の故郷の発展のためにさまざまな活動をする。主な活動は、ふるさとの状況の宣伝活動、県やソムの記念行事に関わる活動、記念イベント開催、自然災害時（雪害・旱魃）の支援活動、募金活動などである。最近では地方出身者が設立した大手の会社が、地方出身の学生、特にふるさとに帰る意思のある若者への奨学金、支援を積極的に行うようになった。このように、ふるさと委員会は都市と地方を結ぶ重要な役割を果たしている。その取り組みについて、ヘンティ県の場合を紹介しよう。

　ふるさと委員会は以前からあったが、正式に組織化されていなかった。1990年代つまり市場経済移行後から活動が活発化した。2000年に本県出身の県人名簿を作成し本格的に組織化された。オープン投票によって現在のアルビン氏（国会議員）が会長に就任した。副会長は2人いる。エレデネバト氏：国立オペラバレー劇所所長、およびテレンドルジ氏：児童文化センター長。理事会20人。

　本委員会の付属で、「セツェン・ハン」という基金が設立され活動を行っている。

1．県人会の活動内容
(1) 故郷の宣伝活動
　　　コンサート開催
(2) 県の記念行事に係る活動
　　　募金集め
　　　記念イベント開催
　　　モンゴル相撲の有名な横綱バトエルデネ氏の記念日のイベントの企画
(3) 自然災害（ゾド）の支援活動

募金
(4) Tax付き（100＄）のパーティを開き、集まった金を県に寄付。
(5) 県の総合病院、学校の修理。

２．県人会の計画立案プロセス
毎年、県人会理事会のメンバーが集まり、年次計画を立てる。この際に正式に文書化したものはない。

県人会の重要事項
１．インフラ整備、特に道路
　政府からはいろいろ政策が取られているが、住民の参加が必要。
２．中小企業加工工場の建設
　県の失業率を低下するための手段となる。本県はヤギの数が多くて、カシミアの質もいいのでカシミア加工工場の建設は可能。またタルバガンの革の加工工場、塩がとれる湖が３つあるので食塩工場の建設も可能。最終的には輸出向けの商品づくりが必要。
３．サービス産業の発展（ホテル、レストラン、スーパーマーケットの建設）。理由は２つの県の人々の行き来が増大していること。
４．人材育成
　本県出身の若い人が大学を出て、故郷にもどって来ない。学生の支援、政策が必要。
５．観光開発
　本県はチンギスハーンの生まれた故郷なので、これだけでも観光の可能性が大きい。

# 終章　馬文化の将来

尾崎孝宏

　本章では、各章ですでに論じられた論点から、セツェン・ハン地域の現状と将来について、事実に即しつつ考察を加えることで本書の結びとしたい。なお、序章で詳細に論じた点については繰り返しを避けたい。

　まず「風の部」で取り上げたのは、以下のトピックである。森永論文では、モンゴル東部地域の気象について動物気象学的な観点から、当地が馬の産地たりうる条件を示した上で、中村論文では馬の文化的側面として、人々の馬に対する意識の高さや馬のシンボリズムが論じられた。一方、長沢がコラムと論文で示したのは、誇りをもって生きる現在の調教師のあり方や、牧民となっていく人々の青年期のライフモデルおよび、牧民になろうと決心する動機としての馬のプレゼンスの大きさであった。

　要するに、ここで示されたものは、セツェン・ハン地域に生きるモンゴルの牧民にとって、馬が文化的に非常に大きな意味を持っていることであり、馬を単なる、モンゴル牧畜を構成する「5畜」の一つと位置づけたのでは理解できない「意味の世界」が存在するという事実であった。

　しかし、次のような疑問に、正面から答えておく必要があるだろう。上に述べたことは、セツェン・ハン地域に限らない、「モンゴル全体の文化伝統」であると解釈してはいけないのか、という疑問に。だが筆者はこうした疑問に、否定的な印象を抱いている。その最大の理由は、現地の人々は序章で述べたプレブジャブ公の事跡、あるいは東部地域に属するスフバートル県南部のダリガンガ地方がかつて清朝皇帝直轄の牧場であり、皇帝一族の乗用馬をも飼養していたというような、この地域に特殊な馬に関わる実績について、容易に国家レ

ベルの語りに還元しない地域の特殊性を意識しつつ語っているからであり、また他地域の人々もそれを「我が事」と理解してはいないためである。確かに、馬はモンゴル国全体で比較的ポジティブな評価がなされているだろう。だが、それだけの理由でモンゴル国全体が等質な「モンゴル馬文化」を有しているとみなすのは問題があるだろう。

　ここで逆に、ネガティブな評価をされがちな事例として、モンゴルにおける農耕を比較対照として取り上げてみよう。「モンゴルにおける農耕の伝統」といったトピックは、おそらく今日のモンゴル国で取り上げられることはめったにないと思われるが、それは決して過去のモンゴルにおいて農耕が行われなかったことを意味するわけではない。例えば、筆者が2003年に現地調査を行ったモンゴル国西部のゴビアルタイ県タイシル・ソムでは、かつて当地に存在したチベット仏教寺院「ナルバンチェン寺」に食料（大麦）を供給していたと言い伝えられている畑が、当時なお現存していた。

　モンゴルの文化を語る上でチベット仏教は避けて通れないほどの影響を及ぼしており、かつて寺院はモンゴル各地におびただしく存在した。寺院を維持するためのインフラとして、モンゴルの他地域でも水資源などの条件を満たしていれば、スポット的であるとはいえ他の多くの場所でも農耕が行われていた蓋然性は高い。もちろん、灌漑用水源に乏しい地域も含めてモンゴル全体を「かつて農業が行われていた」と一色に塗りつぶすのは乱暴であるし、「望まざる結論」でもある。しかし、現在の判断基準をもって過去を恣意的に解釈するのもまた学問的であるとは言いがたい。

　そこで本書では拡大解釈することなく、我々が現地調査の中で見出した「セツェン・ハン地域の馬文化」は、さしあたりセツェン・ハン地域の域内で有効なものとして取り扱いたい。もちろん、これはモンゴルの他地域には馬に関わる文化が存在しないという主張ではない。ただ、他地域では質的あるいは量的に何か違う可能性がある、という留保をつけているだけである。

　一方、「地の部」「光の部」で取り扱ったのは、もっと生々しい、むしろ国家

終章　馬文化の将来　161

レベルの「ものさし」で計測した場合の当該地域の現実である、といえよう。自然科学系の浅野とナチンションホルの指摘する事実は、セツェン・ハン地域の土壌の質が豊かであるということや、そこに多く分布する、大型家畜の好む植物の存在であり、当該地域の牧畜の特性に対する説明となるものである。それは島崎が指摘する、農牧業が中心となり、ことに馬の数が多いという地域特性との整合性を示すが、その一方で島崎は、全体としては鉱業立国を目指すモンゴル国の現状をも示唆する。また、農牧業が中心とはいえ、現地には畜産物の加工産業がなく、流通体制にも問題がないとはいえない現況が明らかにされる。

　鬼木が取り扱う協同組合についても、ガルシャル・ソムについては例外的に成功しているが、おしなべて経営ノウハウに欠ける現状が報告され、ふるさと委員会に関しても、首都ウランバートルで成功した人々を代表者として故郷への多様な支援を旨とする活動が述べられている。つまり、狭義の経済面に関する限り、モンゴルの地方牧畜社会は豊かでもないしむしろ困難なのである、という国家レベルの現実が示され、セツェン・ハン地域も例外でないことが思い知らされる。

　また、未来に関する展望はどうだろうか。村井の指摘するとおり、地方財政は中央頼みであり、地域発展構想といっても、本来的には貧困緩和計画の流れを引くものである。ただ、後者については、島崎の指摘するように、地域の自立性を促す可能性のある計画も盛り込まれている。しかし、国家策定の計画からは、経済面での向上以外に発展が想定されているようにも思えないのも事実である。

　無論、経済的な要素はモンゴル国の牧民社会の現在を規定しているメジャーな要素であり、牧民自身もまず、そうした国家レベルでの価値観から自由であるわけではない。日々の生活を無視して100％、馬文化の体現に邁進している牧民はゼロとはいえまいが、むしろ非常に稀な存在であろうことは想像に難くない。

しかし、地域のアイデンティティの軸としての馬文化は、経済発展とは相対的に独自の位置を占めつつ、今後の発展を展望するにあたっての中心的なテーマとなるだろうということも、また的外れな指摘ではあるまい。

　牧民は、一方で国民経済や国家レベルの政治体制の周縁的な領域に身をおいていることを自覚しつつ、しかし一方で自ら誇るべき馬文化の実践者として、現在をしぶとく生き抜いているのが実際のところであろう。そして、そのバランスが崩れたとき、より具体的にはアイデンティティの軸としての馬文化が何らかの形で失われるとき、セツェン・ハン地域の崩壊が、おそらくはモンゴル国西部ですでに発生したような激しい人口流出などという形を伴いながら発生する可能もある。しかし、もちろんそれは、我々の望むところではない。

　だが、これを実証的に証明するには他地域に関する理解が欠かせまい。今回、我々は一地域の現実を事実に即して詳細に究明するために、あえて狭い空間領域で深い研究を行うという方針を採用した。今後は、セツェン・ハン地域の地域特性をより正確に把握するために、あるいは他地域でのアイデンティティの軸は何なのかを解明するために、他地域における比較研究を遂行したいと思う。

## あとがき ── 「今西錦司を超えた」宣言

島崎美代子

　私のモンゴル遊牧社会調査研究は、今西錦司「遊牧論」になぞらえて草原を歩くことから出発した。長年にわたって日本の農村・都市を歩き、また、1990年以後にメコン川流域の山間地からデルタ地帯を歩いてきた私は、農耕社会をはなれて遊牧地帯・社会を歩いて初めての出合いと発見の連続に驚くばかりであった。モンゴル国へ最初に足を踏み入れた1994年から10年を超える年月にわたって、私のモンゴル国地域調査は続いている。その軸心には、何時も今西「遊牧論」がおかれていた。いまようやく、新しい視角と方法論を拓くにいたったと自負しているのである。その新しい視角と方法論を述べるまえに、まず、今西錦司「遊牧論」の核心を私なりに要約したい。その要点を、1）「棲み分け論」、2）「生態学」・「草原学」、そして、3）方法論・「全体社会論」の3論点にしぼりたいと思う。

### 1　「棲み分け」論

　今西錦司が、ダーウィンの「進化論」に対して、「棲み分け」論を提示したことはよく知られているところであろう。
　十数年ほど前に、研究室で読んだ『評伝、今西錦司』（本田 1992）で、今西少年が加茂川のほとりで、川原の石をひっくりかえして「カゲロウ」の幼虫を捕まえていた情景、それが、「棲み分け論」の原点になった、という叙述を読んで驚いた。
　採取したカゲロウの幼虫を観察し、「……それらが四つの生活形に分かれて棲みわけていることに気づいた」というのである（本田 1992：83）。

『今西錦司全集』を開いてみると、この関連の幾つかの叙述がある。要約すれば、つぎのように整理できるであろう。初夏の加茂川では、4種類の「ヒラタカゲロウ」の幼虫を採取することが出来るが、これらの4種類は川のなかで「一定の順序をもって分布していることに、気がついた」(「暖流のヒラタカゲロウ」、1969年『日本山岳研究』中央公論社版に所収、『今西錦司全集』第8巻：266、以後『全集』と略す)。4種類に共通するのは、「すべすべした大石の表面」を生活の場としている形態であるが、さらに、この四種類が「……川岸にちかい流れのいちばん弱いところには、ヨシダエだけしか棲んでいない。もうすこし流れが速くなると、ヨシダエがおらなくなって、かわりにラティフォリウムが出てくる。さらに流れがもすこし速くなると、こんどはラティフォリウムが姿を消し、それに代わってカーバチュラスイが出てくる。最後に流心部の、流れのいちばん強いところで採集すると、そこからはもはやウエノイばかりしか出てこないことがわかった。」(『全集』第8巻：266)。今西はこの4種類の幼虫が、下鴨あたりの加茂川という「小地域」のなかで、それぞれ「生活形社会」・「同位社会」をつくり、それらの均衡状態を保つという「棲みわけ」が出現していることを「発見」したのであった。この「環境と生物という体系を考えること」は、さらに、動物生活形社会から植生態、農耕―植物性食物などの分野へと拡がっていき、「内蒙古の生物学的調査」から「遊牧論」へと進められたのである。

## 2 「生態学・草原学」

ここで今西理論を論じるつもりもないし、また、準備もない。が、今西が(そのグループをつれて) 3度におよんで実施したモンゴル現地調査について触れておきたい。今西が書き残したいくつかの文章は、彼自身が「一種の現地報告」、あるいは「生態学に通ずる生々しい記録」という言葉で書いているように、論文というよりも観察に基づく記録・着想・分析・理論化過程である。

あとがき──「今西錦司を超えた」宣言　165

それゆえに、「農耕社会」とは異なる「遊牧社会」の魅力を生き生きと伝え、枠組み把握の論理を示していると言えるであろう。

　今西が歩いたのは、北京から張家口へ至る内蒙古の地域である。その辺りは農耕と遊牧との境界であり、この両者を分ける自然環境条件にまず注目したのは当然の成り行きであろう。ここでは、農耕に接しながら、独特の乾燥草原に広がる遊牧についての観察を要約・紹介したい。

　張家口で行なった講演（原稿）の冒頭に、今西は草原の研究はただ植物の種類を研究するのではなく、自然科学のいくつかの分野──気象学・気候学・土壌学そして植物学──が連携して研究する「草原学」、「現象と現象とのあいだの関係」をとらえることが、まだ行われていないことを指摘している（「遊牧の自然と生活」1944年、『全集』第2巻：183～213）。ここで今西は、内蒙古のステッペを歩きながら、それを三つの型に分けている。一つは、「……周縁部の雨量の多い、乾燥の程度の弱い地方」で、ここには「シバモドキ」を代表種とする「重草原」、二つは、「……中心部の雨量の少ない、乾燥の度合いの強い地方」で背のひくい「ハネガヤ」を代表種とする「軽草原」、三つは、この2つの型の草原の間にあって、「……ヨモギの種類が比較的に多い……しばしばヨモギ草原とも呼ばれることのある、一種の中間草原」である（「遊牧論」、1946年1月31日、北京にて、『全集』第2巻：233）。種類だけではなく、草の背丈、密度もまた乾燥の度合いにより異なる。そして、この3つの型に対応するものとして、設営地の移動回数をあげる。すなわち、遊牧民の季節移動が、「重草原」では冬営地、夏営地という年二回、「中間草原」では秋営地が現れて、年3回の移動になり、「軽草原」に入ると年4～5回移動するというものが多くなる。しかし、設営地間の移動距離は予想より小さいところが多く、30メートル、100メートルとか、12キロとかの数字をあげている。5畜の群のそれぞれが好んで食べる草種類と放牧圏内の「棲み分け」、および、放牧圏の季節的移動経路などについての叙述はこの文章には見当たらない。この論点については、後藤冨夫『蒙古の遊牧社会』を前提においていると「あとがき」のなかで

述べている（「あとがき」、1947年11月5日、『全集』第2巻：383）。ここでは、「……馬・羊・牛を飼うことがかれらの牧畜の理想……」（「砂丘越え」1945年10月6日、北京にて、同上：298）、そして、生活にとって「乳製品の重要性がいちじるし」いゆえに、「……内蒙古の全体にわたり、蒙古人の生活にとって、牛が中心家畜となっている」という記述が見られる（同上：297）。

　もうひとつ、注目すべきものは、ステップの景観についての叙述であろう。「……普通にステップといっているものは、文字通りに水平な土地の広がりではなくて、地質的にみればそれぞれの時代を代表する、いくつかの面が、たがいに食いちがって並んでおり、地形的にみれば、そこにはやはり、山あり谷あり、丘もあれば平野もあるということになるのであって、この点では蒙古のステップといえども、他の国と異なるところはないのであるが、ただこれらの土地のどこもかもが、一様に草で蔽われていることと、土地の起伏がすこぶるおおらかで、比高にとぼしいことが、……景観上のいちじるしい……」特徴である。「……蒙古のステップは……大きな波状地形の連続……」である（同上：305）。それゆえに、この草原の小地域のなかには、丘、平地、窪地が含まれ、また、狭い砂地（または半砂漠）も地域によって含まれている。その基礎のうえに軽草原、重草原、中間草原が成立し、5種類の家畜群の「棲み分け」を見るのである。

## 3　方法論──「全体社会」論

　上記のような諸分野関連を基礎において「生物の世界」として遊牧が成立しているとするならば、その調査はタテ割りの専門分野ごとの調査で把握することは出来ない。自然科学の分野としても、先に引用したように、気象、気候、土壌、水文などの諸分野関連のうえに動物〜人間社会の行動構造がはじめて明らかになるのである（「生物全体社会」、『全集』第1巻：130）。

　農耕社会の調査・解明においても、この「全体社会」論が方法として必要で

あることは共通であろう。ただ、自然環境に対応することを考えながらも、自然を改造して利用しようとする農耕にたいして、遊牧では、自然と「共生」する家畜群の動きを見守りながら遊牧民が動く、というところが違うといえよう。

　以上に要約したような今西錦司の蒙古調査・方法にそって、モンゴル国地域調査に歩いていたといってよい。では、どこで、どのように、今西を超えることができたか？　一言で言えば、自然環境と共生するモンゴル遊牧社会の社会経済的枠組みを、「馬の文化」を軸心において組み立て直したということである。

　モンゴルの「馬の文化」は、30年以上前から紹介されている。ちなみに、「スーホの白い馬」は1967年に刊行されている（大塚・赤羽 1997）。その後、1970〜80年代にもいくつか、馬を取り上げた著書をみることができるのである。

　確かに、モンゴル人は馬に対して愛情を持っている。「……遊牧民と馬との付き合いは密接で、生活の一部というより、体の一部と言った方が適切かもしれない。」という叙述もある（野沢 1991）。遊牧民の生活との関わりが、5畜のそれぞれによって異なることは、よく知られている。すなわち、らくだと牛については、乳・肉を食材とし、皮革を加工原料として利用するほかに、荷物の運搬・荷車の牽引に働かせる。対比的に、馬については、乳を食材とするが肉を食べないし、荷物運搬にも使用しないのである。「家族のようなもの」とも表現されるのは、心が通い合った「友人」という関係でもある。

　馬については、歌、文学、そして絵画も多くのこされ、今でも日常的に歌われ、詠唱され、観賞されるばかりではない。「馬の文化」は、遊牧民たちによって日常的に創られている。そういう情景に接することは多い。

　駿馬とその調教師たち、ナーダム競馬への家族やソムをあげての取り組みについては、本書の各章の叙述を読んでいただきたい。そこに、私たちが今西錦司の「棲み分け」論・「草原学」をベースにおきながら、「馬の文化」を軸心とするモンゴル遊牧社会の調査分析をすすめた意図と成果を読みとっていただけ

るであろう。

　顧みれば、私のモンゴル国研究は今年で14年目を迎えた。ともに地域調査に歩いた日本、モンゴルの研究者は多数にのぼる。また、意見を交換し、多くの示唆を得た研究者たちはドイツ人、ロシア人をも加え、多人数にのぼる。ここで名前をあげることはしないが、心から感謝する次第である。

　出版にあたっては、多彩な専門分野にわたる執筆者の原稿調整に手間取り、また、遅筆の何人かに引きずられて、出版の予定を何度か延期することになった。日本経済評論社の担当スタッフ・谷口京延氏および安井梨恵子氏にお詫びするとともに、厚く感謝を申しあげたい。

**参考文献**

大塚雄三再話・赤羽末吉画（1967）『スーホの白い馬』福音館書店。
『今西錦司全集』（1974〜75年）全10巻（編集委員、伊谷純一郎、上山春平、梅棹忠夫、吉良竜夫、桑原武夫、森下正明）講談社。
野沢延行（1991）『モンゴルの馬と遊牧民――大草原の生活誌』原書房。
本田靖春（1992）『評伝　今西錦司』山と渓谷社。

## 【執筆者・編者紹介】

*は編者。50音順に掲載した。

浅野　眞希（あさの　まき）
1978年生まれ。慶應義塾大学法学部助教。専攻は土壌学。主著に『草原の科学への招待』（中村徹編著）筑波大学出版会、2007年、がある。

尾崎　孝宏*（おざき　たかひろ）
1970年生まれ。鹿児島大学法文学部准教授。専攻は文化人類学。主著に『セツェン=ハンの駿馬――モンゴルの馬文化』（J. サロールボヤン著、尾崎孝宏訳）、「遊牧民の牧畜経営の実態：モンゴル国南東部の事例より――文化人類学からみたモンゴル高原」（岩波書店『科学』73巻5号）、がある。

鬼木　俊次（おにき　しゅんじ）
1964年生まれ。独立行政法人国際農林水産業研究センター主任研究員。専攻は農業経済学、環境経済学。

島崎　美代子（しまざき　みよこ）
1927年生まれ。日本福祉大学福祉社会開発研究所客員研究所員。専攻は経済学。主著に『島崎稔・美代子著作集・第1巻、戦後日本資本主義分析』（安原茂編集）礼文出版、2005年、がある。

A. デルゲルマー（A. Дэлгэрмаа）
1975年生まれ。東京大学大学院人文社会系研究科修士課程。専攻は社会学。

中村　知子（なかむら　ともこ）
1979年生まれ。東北大学東北アジア研究センター専門研究員。専攻は文化人類学。主著に「生態移民政策にかかわる当事者の認識差異」（小長谷有紀、シンジルト、中尾正義編）『中国の環境政策　生態移民』昭和堂、2005年、がある。

長沢　孝司*（ながさわ　たかし）
1946年生まれ。日本福祉大学社会福祉学部教授。専攻は家族社会学。主著に『モンゴルの家族とコミュニティ開発』（島崎美代子・長沢孝司編著）日本経済評論社、1999年、『モンゴルのストリートチルドレン――市場経済化の嵐を生きる家族と子どもたち』（長沢孝司・今岡良子・島崎美代子ほか編著）朱鷺書房、2007年、がある。

U. G. ナチンションホル（U. G. Nachin-shonhor）
1965年生まれ。国立民族学博物館外国人特別研究員、日本学術振興会外国人特別研究員。専攻は植物生態学。主著に「日本から見たモンゴルの自然環境――内モンゴルの苦悩」（岩波書店『科学』73巻5号）、がある。

J. ヒシゲジャルガル（Ж. Хишигжаргал）
1969年生まれ。専攻はモンゴル経済論、ビジネス・コンサルタント。

村井　宗行（むらい　むねゆき）
1947年生まれ。モンゴル国立大学モンゴル言語文化学部教授。専攻はモンゴル現代史。

森永　由紀（もりなが　ゆき）
1959年生まれ。明治大学商学部准教授。専攻は気候学、環境科学。主要論文に Winter Snow Anomaly and Atmospheric Circulation in Mongolia. Int. J. Climatology. vol. 23, pp. 1927-1636、2003年、「モンゴル国の自然災害――気象水文研究所における干ばつとゾドの監視システムの紹介―」『モンゴル環境保全ハンドブック』（小長谷有紀著）見聞社、2006年、がある。

| モンゴル遊牧社会と馬文化 | |
|---|---|
| 2008年6月25日　第1刷発行 | 定価(本体3200円＋税) |

編著者　長沢孝司
　　　　尾崎孝宏

発行者　栗原哲也

発行所　株式会社日本経済評論社
〒101-0051　東京都千代田区神田神保町 3-2
電話　03(3230)1661　FAX　03(3265)2993
URL：http//www.nikkeihyo.co.jp
E-mail：info@nikkeihyo.co.jp

印刷・製本　中央精版印刷株式会社
装幀　静野あゆみ

Ⓒ NAGASAWA Takashi, OZAKI Takahiro et al. 2008 Printed in Japan
ISBN978-4-8188-1986-3　C1039

本書の複製権・譲渡権・公衆送信権（送信可能化権を含む）は㈱日本経済評論社が保有します。

JCLS〈㈱日本著作出版権管理システム委託出版物〉

本書の無断複写は著作権法上での例外を除き禁じられています。複写される場合は、そのつど事前に、㈱日本著作出版権管理システム（電話03-3817-5670、FAX03-3815-8199、e-mail: info@jcls.co.jp）の許諾を得てください。

落丁・乱丁本はお取り替え致します。

## モンゴルの家族とコミュニティ開発

島崎美代子・長沢孝司編著

A5判 三二〇〇円

開放経済体制への移行と共に、伝統と地勢・産業に基づいたコミュニティづくりが盛んである。徹底的な現地調査とモンゴル人学者による、自然・家族・コミュニティの共同研究。

## 菜園家族物語
――子供に伝える未来の夢――

小貫雅男／伊藤恵子著

A5判 二八〇〇円

いのち削り、心病む、終わりなき市場競争。アメリカ型「拡大経済」に未来はあるか。いのち輝く農的生活「週休五日制」の提唱。21世紀、我々は人間復活の道を歩き始める。

## 賢治の見た夢
――農民芸術の歳月――

相川良彦著

四六判 一八〇〇円

宮澤賢治に触発された農民芸術。演劇、小説、詩、絵画。その創作は生活と如何に結びつき、どんな特徴をもっているか。長年の調査から綴る渾身の一作。

## 祖国よわたしを疑うな
――政治犯から大学教授となった「兵隊太郎」の戦後――

曹 石堂著

四六判 一八〇〇円

中国奥地の寒村で、進攻してきた日本軍に拾われた10歳の孤児が、敗戦日本で高等教育を受け、母国再建のため中国に帰国。しかし、国家は彼を逮捕、強制労働所へ送る。

## ある家族と村の近代

木村千惠子著

四六判 一八〇〇円

筑波山のふもと、茨城県の本豊田、それは祖父母、曾祖父母が生まれ育った村である。明治維新から戦争の昭和を生きぬいた農民の「歴史」が、今鮮やかに描き出される。

（価格は税抜）　日本経済評論社